Camarades

turquoise
3

Gwen Berwick

MGP INTERNATIONAL

Camarades

turquoise 3

Pupil's Book
Teacher's Resource File
Teacher's Book
Cassettes (5)

Design: AMR Ltd, Bramley, Hants

Illustrations: Art Construction, David Birdsall, Josephine Blake, Janice Bocquillon, Mik Brown, Phillip Burrows, Caroline della Porta, Belinda Evans, Madeleine Hardie, Phil Healey, Ed McLachlan, Chris McLoughlin, Rosemary Murphy, Andrew Peters, Samantha Rugen, Sue Tewkesbury, Terry Thomas, Sarah Warburton, Shaun Williams.

The author and publishers would like to thank the following people, without whose support we could not have created **Camarades 3 turquoise**:

Nathalie Froux and Laure Sirvin for native speaker consultation.

Frances Aspinall, Pam Haezewindt, Teresa Huntley, Martine Pillette and Sydney Thorne for detailed advice throughout the writing.

Caroline Woods and Steve Crossland for creating and writing the assessment programme.

Phil Horsfall for advice on the assessment sections.

Pam Haezewindt for writing the IT section.

David Kyle for taking the photographs for the story.

Kathryn Tate for editing the book.

The authors and publishers also acknowledge the following for permission to use photographs and published texts:

Cover photo: J Allan Cash Photolibrary

Action Images for the photos on page 98 (Frank Bruno, Steve Davies, Monica Seles), page 108 (bottom right), page 109 (top right).

Barnaby's Picture Library for the photos on page 47.

Bayard Presse International for the texts 'Etes-vous rap ou techno?' (pages 134-5, from *Okapi* No.588), and 'Mimi, baby-sitter' (pages 124-5, from *Okapi* No. 575).

Gwen Berwick for the photo on page 36.

Giraudon/Bridgeman Art Library for the top left photo on page 70 of Rouen Cathedral in Full Sunlight: Harmony in Blue and Gold, 1894 by Claude Monet (1840-1926) Musée d'Orsay, Paris, France/Bridgeman Art Library, London. Also for the bottom right photo on page 71: Etretat, 1883 by Claude Monet (1840-1926) Musée d'Orsay, Paris, France/Bridgeman Art Library, London.

Peter Willi/Bridgeman Art Library for the bottom right photo on page 70 of Rouen Cathedral, Effects of Sunlight, Sunset, 1894 by Claude Monet (1840-1926) Musée Marmottan, Paris/Bridgeman Art Library, London.

The Bridgeman Art Library for the top left photo on page 71, The Waterlily Pond: Green Harmony, 1899 by Claude Monet (1840-1926) Musée d'Orsay, Paris, France/Bridgeman Art Library, London.

Bruce Coleman for the photos on page 12 (top right and bottom right).

Keith Gibson for the photos on page 18 (third from top), page 42 (bottom left), page 109 (bottom left), page 120 (top two photos), page 121 (top).

J Allan Cash Photolibrary for the photos on page 12 (bottom, second from left), page 42 (top right), page 83 (top right),

Milan Presse for the cartoon on page 13 © Milan Presse/Sanson, Les Clés de l'actualité.

Rex Features for the photos on page 24, page 88, page 98 (Madonna), page 129, page 134, page 135,

Sporting Pictures (UK) Ltd for the photo on page 83 (top left inset).

Scoop, Service de diffusion d'articles for the extract from Télé 7 jours (page 31).

Yves Saint Laurent for the advert on page 92.

Recorded at Gemini Studios, London by James Dismore, Catherine Graham, Olivier Harris, Sébastien Korwin, Julien Lamontagne, Elise Nolder, Sophie Pageon and Sophie Turner under the direction of Daniel Pageon; produced by Graham Williams.

Thanks to the staff and pupils of Queen Elizabeth School, Wimborne, Dorset for allowing us to take photographs in and around the school. Thanks also to the following for their help with the photo story: Staff and pupils at Collège Lecanuet, in particular Guillaume Giroux, Rodolphe Ménard, Claire Prieur, Zina Bourkache, Vincent Ferrand and Xavière Gliksman and their families; Elisabeth and Pierre Domergue and their family; staff at the Office du Tourisme, NAFNAF, Théâtre Maxime Gorky and the Musée Jeanne d'Arc in Rouen.

First published by Mary Glasgow Publications 1997

ISBN 0 7487 2351 X

99 00 01 02 / 10 9 8 7 6 5 4

Mary Glasgow Publications
An imprint of Stanley Thornes (Publishers) Ltd
Ellenborough House, Wellington Street, Cheltenham, GL50 1YW

A catalogue record for this book is available from the British Library.

Printed and bound in Italy by G. Canale & C.S.p.A, Borgaro T.se, Turin.

Table des matières

Salut, les camarades!

Camarades 3 will help you learn even more French!
The book is about six friends who live in the same street.

- To help you learn, there are activities to practise:

  listening to French   reading French

  speaking French   writing French.

- **Stratégie** boxes give you tips to
  help you understand and use French.

Stratégie
Par

- **Grammaire** boxes tell
  you where you can learn
  and practise the patterns
  and rules of French.

  practice exercises on p. 8   explanation in English on p. 148

Grammaire ▶▶ p.8 ▶▶ p.148
je

- Key words and phrases are listed in French and English on vocabulary sheets.

Unité I	Camarades 3 Turquoise	Feuille I
Vocabulaire I		

We hope you enjoy learning French with **Camarades 3**.

Bon travail!

Gwen Berwick

Introduction

Les six amis habitent rue du Paradis, à Rouen.

FRANCE
• Rouen
• PARIS

NOM:
Olivier Mouchot
AGE:
14 ans
FAMILLE:
un frère, une sœur
AIME:
le sport

NOM:
Isabelle Vincent
AGE:
14 ans
FAMILLE:
deux frères
AIME:
la musique, la danse

NOM:
Marc Saunier
AGE:
13 ans
FAMILLE:
enfant unique
AIME:
la télé, la pêche

NOM:
Alexandre Bois
AGE:
14 ans
FAMILLE:
un demi-frère,
une demi-sœur
AIME:
la musique,
les grandes villes

NOM:
Delphine Lassalle
AGE:
14 ans
FAMILLE:
une sœur
AIME:
les films,
la campagne

NOM:
Fatima Hamed
AGE:
16 ans
FAMILLE:
deux sœurs
AIME:
le volleyball,
la musique

rue du Paradis

1 Ecoute la cassette. Il y a douze conversations.
C'est qui? Ecris le nom.
Exemple: **1** Marc

UNITÉ 1 Ma famille et moi

A Les disputes en famille

Olivier Mouchot

Mardi soir, chez Olivier

Au revoir!

Non, Olivier. Tu ne peux pas sortir.

Pourquoi?

Tu dois faire tes devoirs.

Mais ce n'est pas juste! C'est ridicule!

CLAC!

Olivier demande à ses amis: Tu te disputes avec tes parents?

Oui, parfois. Mes parents travaillent jusqu'à six heures. Après l'école, je dois faire du baby-sitting – pour mon petit frère.

Coralie

Oui. Ma mère achète mes vêtements, et je ne peux pas choisir les vêtements que j'aime.

Séverine

Le week-end, je peux sortir avec mes amis. Mais pendant la semaine, je dois rester à la maison. Ce n'est pas juste!

Gaëlle

Oui, beaucoup. Moi, je dois aller au lit à neuf heures. Mes amis se couchent plus tard que moi. Ce n'est pas juste!

Hamed

Oui, je me dispute avec mes parents au sujet de ma chambre. Ils disent que ma chambre est en désordre. Mais c'est ma chambre à moi.

Sébastien

1 **a** Lis et écoute le roman-photo et les textes.

b Qui parle?

Exemple: **1** C'est Olivier.

1 «Je dois faire mes devoirs avant de sortir.»
2 «Je dois ranger ma chambre.»
3 «Je dois garder mon petit frère.»
4 «Je veux choisir mes propres vêtements.»
5 «J'aimerais mieux me coucher plus tard.»
6 «Je ne peux pas sortir pendant la semaine.»

2 Ecoute la cassette (1-6). On parle de quel problème?

Exemple: **1 c**

a   b   c   d   e   f

3 A deux, discutez de ces situations. C'est raisonnable? 👍/Ce n'est pas juste? 👎

A «Je dois garder ma petite sœur le samedi matin.» C'est raisonnable.

B A mon avis, ce n'est pas juste.

Les situations

«Je dois garder ma petite sœur le samedi matin.»
«Je ne peux pas sortir le vendredi soir.»
«Je dois faire mes devoirs avant de sortir.»
«Je ne peux pas me coucher tard le week-end.»
«Je dois garder mon petit frère tous les jours.»
«Je dois ranger ma chambre.»
«Je ne peux pas choisir mes propres vêtements.»

4 Lis cette description.

◆ Quels sont les problèmes de Caroline?

a sortir
b l'heure d'aller au lit
c le baby-sitting
d la télé

♣◆ + A ton avis, les parents de Caroline, sont-ils:
  • très stricts?
  • assez stricts?
 ou • pas stricts?

5 **A toi!** C'est strict chez toi? Ecris une description.

Exemples:

◆ Je dois me coucher à neuf heures et demie. Je veux me coucher plus tard...

♣ C'est strict chez moi. Je dois ranger ma chambre. Ce n'est pas juste...

Mes parents sortent beaucoup, et moi, je dois garder ma petite sœur. Ce n'est pas juste. En plus, moi, je ne peux pas aller en ville avec mes amis. Mes parents disent que je dois rester à la maison et faire mes devoirs.

Cependant, mes parents sont parfois raisonnables. Par exemple, je peux me coucher plus tard s'il y a un bon film à la télé.

Expressions utiles

Je **dois**...
Je **veux**...
J'**aimerais mieux**
Je **ne peux pas**...

B Famille, amis ou solitude?

La vie de famille

Pour une bonne ambiance en famille, faites plus de choses ensemble! Voici cinq idées:

Vous pourriez sortir ensemble et...

- faire des promenades

- aller en ville.

Vous pourriez rester à la maison et...

- regarder la télé ensemble

- écouter de la musique

- manger ensemble

> Dans ma famille, on sort souvent ensemble. On fait des promenades, ou on va en ville. Je joue souvent au foot avec mon demi-frère.
>
> **Damien**

> Chez moi, on mange en famille, et on regarde la télé ensemble, mais j'écoute mes CD toute seule dans ma chambre. Je ne sors pas avec mes parents. Le samedi, je vais chez McDonald's avec mes amies.
>
> **Marie**

> Moi, je ne fais pas beaucoup de choses avec ma famille. Normalement, je mange seul. Le soir, je sors avec mes amis.
>
> **Paul**

1 Lis et écoute l'article et les trois jeunes.
- Qui fait le plus de choses avec sa famille?
- Qui sort avec ses ami(e)s?

2 Ecoute la cassette (1-8).

a On parle de quelles activités? Note les lettres.

Exemple: **1 c**

b Réécoute la cassette. Ils font ça:
- en famille? • avec des ami(e)s? • seul(e)?

Ecris 'F', 'A' ou 'S'.

Exemple: **1 c (S)**

a  **b**  **c**  **d**  **e**

3
- Lis ces lettres.
- Qui fait le plus avec sa famille? Qui fait le plus seul(e)?
  Recopie et complète cette grille:

nom:	avec famille	avec ami(s)	seul(e)
Sara	✓	✓✓	

Chez moi, généralement, on mange ensemble. Le soir, je vais chez ma copine, et nous faisons nos devoirs ensemble. Ensuite, nous écoutons de la musique.

Sara

Le soir, mes parents regardent la télé dans le salon, et moi, j'écoute des cassettes dans ma chambre. Le week-end, je sors avec mes copains. Nous allons au Macdo le samedi, et le dimanche, nous allons souvent à la piscine.

Julien

Le week-end, mes parents restent à la maison, mais moi, je trouve ça vraiment ennuyeux! Je fais des promenades avec ma meilleure amie et sa demi-sœur. Je fais souvent du vélo à la campagne, aussi. Mon amie n'a pas de vélo, donc j'y vais seule.

Agnès.

Mes amis sortent pendant la semaine, mais moi je dois rester à la maison avec ma famille. Nous regardons la télévision ensemble. Parfois, on joue aux cartes.

Eric

Grammaire ▶▶ p.8 ▶▶ p.148

je regard**e**	nous **?**
tu regard**es**	vous **?**
il/elle/on **?**	ils **?**

4
- Pose des questions à ton/ta partenaire. («Tu vas .... avec qui?»)
- Note 'F', 'A' ou 'S'.
- Ton/ta partenaire préfère être en famille, avec ses ami(e)s ou seul(e)?

Exemple:

A Tu vas en ville avec qui?

Parfois, je vais en ville avec ma famille. Parfois, avec mes amis. Et toi? **B**

5 *A toi !* Qu'est-ce que tu fais avec ta famille/avec tes ami(e)s/seul(e)?
Ecris ta réponse.

Stratégies

- Attention aux verbes: je fai**s**; je regard**e**...
- Emploie le mot **parfois**. *Exemple:* Parfois, je sors avec mes copains.
- ♣ Regarde les lettres de l'exercice 3. Trouve et emploie des expressions utiles.
  Exemple: Chez moi, généralement, on...

C Une journée typique: calme ou chaos?

Le matin, chez moi, c'est le chaos! Normalement, je me réveille à sept heures...

...mais je me lève à sept heures et demie.

Vite, Olivier! Lève-toi! Il est déjà sept heures et demie!

Je me dispute avec ma sœur. Elle se lave pendant des heures...

Dépêche-toi!

...puis elle lave sa poupée.

Tu n'as pas fini?

Attends, j'ai presque fini.

On prend le petit déjeuner 'ensemble'. Mes parents se dépêchent.

Oh là là. Je suis en retard!

Le soir, c'est plus calme chez moi. Je rentre du collège à cinq heures. Le mercredi, les cours finissent à midi, et je rentre à midi et demie.

Après le dîner, je me détends. J'écoute de la musique – c'est très relaxant.

Tu as fait tes devoirs, Olivier?

Oui, maman...

Je me couche à 21h30.

Au lit!

Mais il y a un bon film...

Non, c'est non!

1 Lis et écoute le roman-photo. Qu'est-ce que tu préfères?

A: aller au collège le mercredi et rester à la maison le samedi, *ou*

B: aller au collège le mercredi *matin* et le samedi *matin*, comme Olivier?

2 C'est vrai ou faux? Corrige les phrases fausses.

1 Olivier se lève à 7h00.
2 Olivier se lave après sa sœur.
3 Normalement, Olivier rentre à la maison à 17h00.
4 Pour se relaxer, Olivier écoute de la musique.
5 Olivier va au lit à 22h00.

3 a Relie les images et les phrases.

Exemple: **a** je me couche

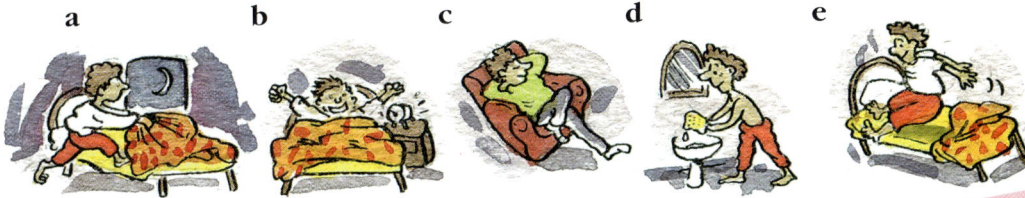

a   **b**   **c**   **d**   **e**

je me lève
je me couche
je me lave
je me réveille
je me détends

b Ecris les lettres dans l'ordre d'une journée typique.

Grammaire   ▶▶ p.9   ▶▶ p.148

je **me** lève	elle **se** lève	ils **se** disputent
je **?** lave	elle **?** lave	ils **?** lavent

---

4 Ecoute les trois interviews sur la cassette. On parle d'une journée typique.

◆ Recopie la grille. Note les heures. Qui se lève le plus tôt?

♣ ◆ + La journée est calme ou stressée?

tôt – early

	se réveille	se lève	va au collège/ au travail	rentre à la maison	mange	se couche
1	7h15					

5 Ton/ta partenaire est calme ou stressé(e) le matin? Pose-lui des questions.

Exemple:

A Tu te lèves à quelle heure?   Je me lève à 8h et je me lave. **B**

A Tu prends ton petit déjeuner à quelle heure?   Je prends mon petit déjeuner à 8h10. Je vais au collège à 8h20. **B**

A Alors, tu es stressé, le matin?   Oui. Normalement, je suis en retard! **B**

6 **A toi!** C'est le calme ou le chaos chez toi? Décris une journée typique.

◆ Parle de toi-même. (je me lève, etc.)

♣ Parle aussi de ta famille. (C'est le chaos. Ma sœur se dispute avec mon frère...)

Exemple:

Le matin chez moi, c'est le calme. Je me réveille à...

D Grammaire

Le présent (the present tense: -er)

1 Relie les verbes français aux verbes anglais. *Exemple:* jouer – to play

Attention! jou**er** (**to** play), c'est **l'infinitif**, la forme que tu trouves dans le dictionnaire.

français	jouer	regarder	écouter	manger	garder	ranger	rester

anglais
to listen to   to tidy   to stay   to watch, look at   to eat   to play   to look after

Verbes en -er

jouer: *to play*

je jou**e**	*I play, I'm playing*	nous jou**ons**	*we play, we're playing*
tu jou**es**	*you play, you're playing*	vous jou**ez**	*you play, you're playing*
il jou**e**	*he plays, he's playing*	ils jou**ent**	*they play, they're playing*
elle jou**e**	*she plays, she's playing*	elles jou**ent**	*they play, they're playing*
on jou**e**	*we play, we're playing*		

- exception: nous mang**e**ons
- on joue = *we play/they play/one plays*
- il (mon père/Marc/etc.) jou**e**
  ils (mes parents/Marc et Paul/etc.) jou**ent**

2 Recopie et complète, avec le verbe **regarder** (*to watch*).

Exemple: **1** «Vous <u>regardez</u> la télé en famille?»

«Vous 1)_____ la télé en famille?»
«Non, nous 2)_____ des émissions différentes.»
«Qu'est-ce que tu 3)_____ à la télé?»
«Je 4)_____ les films et les dessins animés.»
«Ton frère 5)_____ la télé avec toi?»
«Non, il 6)_____ le sport. Et mes parents
7)_____ les actualités et le sport.»

Qu'est-ce que tu fais?

Je regarde un documentaire sérieux.

3 **Le jeu des verbes!** Jouez en groupes de trois ou quatre.

- **A** dit une personne:

je tu il elle on nous vous ils elles

- **B** dit un infinitif:

écouter garder inviter ranger
arriver jouer travailler rester

- ◆ **C** dit l'expression, et épèle le verbe.
  ♣ **C** dit une phrase, et épèle le verbe.
- **A** et **B** disent si c'est **correct** ou **faux**.

Exemple:

A tu

B ranger

◆ **C** tu ranges: r-a-n-g-e-s

♣ **C** tu ranges le salon: r-a-n-g-e-s

A+B C'est correct.

Les verbes réfléchis (reflexive verbs)

se laver: *to wash oneself, get washed*		s'amuser: *to enjoy oneself*	
je **me** lave	nous **nous** lavons	je **m'**amuse	nous **nous** amusons
tu **te** laves	vous **vous** lavez	tu **t'**amuses	vous **vous** amusez
il **se** lave	ils **se** lavent	il **s'**amuse	ils **s'**amusent
elle **se** lave	elles **se** lavent	elle **s'**amuse	elles **s'**amusent
on **se** lave		on **s'**amuse	

- se lav**er**: je me lav**e**; tu te lav**es**, etc. (voir verbes en **-er**, p.8)
- exception: se lever: je me l**è**ve, tu te l**è**ves, il se l**è**ve, nous nous l**e**vons, vous vous l**e**vez, ils se l**è**vent

4 Recopie et complète.

Exemple: **1** Tu **te** lèves à quelle heure?

1 Tu _____ lèves à quelle heure?
2 Je _____ lève à huit heures.
3 Mon frère _____ lève après moi.
4 Vous _____ couchez à quelle heure, chez vous?
5 Mon frère et moi, nous _____ couchons à dix heures.
6 Mes parents _____ couchent plus tard.

Regarde la différence!
je lave la voiture – I wash the car
je **me** lave – I wash **myself**

5 Ecris des phrases complètes.

Exemple: **1** Le lundi matin, tu te réveilles à quelle heure?

♦ ♣

1 Le lundi matin, tu...	...me détends.
2 Le lundi matin, je...	...se couche à huit heures.
3 Après le collège, je...	...me lève à onze heures.
4 Le samedi matin, je...	...se lève très tard.
5 Le dimanche matin, mon père...	...me réveille à sept heures et demie.
6 Mon petit frère...	...te réveilles à quelle heure?

♣

Le matin, chez moi, c'est le chaos!

7 Mes deux sœurs...
8 Je suis souvent en retard. Je...
9 Mon frère et moi, nous...

Le soir, c'est plus calme.

10 On joue aux cartes en famille. On...
11 Parfois, je regarde un match de foot. Je...
12 Parfois, je vais à la discothèque. Je...

...m'intéresse au sport.
...nous disputons toujours.
...s'amuse bien ensemble.
...se disputent toujours
    avec ma mère.
...m'habille en jean.
...me dépêche pour
    prendre le bus.

s'amuser – to enjoy oneself	s'habiller – to get dressed, wear
se dépêcher – to hurry	s'intéresser – to be interested in
se disputer – to argue	

E La bande d'Olivier

Je te présente ma bande...

Voici Daniel. Il est <u>sportif</u>. Il joue au basket et au tennis.

Ça, c'est Jules. Il est vraiment <u>dingue</u>! Il fait des choses ridicules!

Je te présente Sébastien. Il est <u>gentil</u>. Il m'aide à faire mes devoirs.

Voici Nic. Il est vraiment <u>cool</u>! Il s'habille très bien. Il s'habille en noir et il porte toujours des lunettes de soleil.

Cédric est mon meilleur ami. Il est <u>marrant</u>! On s'amuse bien ensemble. Il raconte toujours des blagues.

Et moi? Je suis le chef! Je suis vraiment <u>sympa</u>, bien sûr...!

1 a Lis et écoute le texte.

b Regarde les photos. Relie les mots français avec les mots anglais.

Exemple: sympa – nice

> sympa   sportif   dingue
> marrant   gentil   cool

> cool   crazy, mad   funny, a laugh
> kind   sporty   nice

2 Comment parler d'une **fille**?

- Cherche les six mots de l'exercice 1 dans le dictionnaire. La forme féminine est différente?
- Si oui, note-la.

Stratégie

- La forme féminine = **marrante**.

- La forme féminine = la forme masculine.

> **marrant**, ⓔ *(fam) adj* funny

> **dingue** *(fam) adj* crazy, a good laugh

3 A deux! **A** lit la description d'un des amis d'Olivier. **B** ne regarde pas le livre.
Il/elle doit identifier l'ami.

4 a Ta correspondante décrit deux amies. Peux-tu identifier les deux photos?

1

Ma meilleure amie s'appelle Magali.
Elle est vraiment sympa et très calme.
Je vais partout avec elle, et on s'amuse
très bien ensemble. En plus, elle est
très gentille – elle me prête ses vêtements!

2

Mon amie Sylvie est très sportive. Elle
adore le sport. Elle joue au tennis
et au volley, et elle fait de la natation.
Le mercredi, on va à la piscine ensemble.
C'est génial.

 **a**    **b**    **c**    **d**

b Ecris la description des deux autres amies de ta correspondante.
   ◆ Ecris une ou deux phrases pour chaque photo.
      Exemple: Elle est ..... .
   ♣ Ecris des descriptions plus longues. Pour t'aider, regarde les descriptions de
      Magali et Sylvie, et des amis d'Olivier.

c Ecoute la cassette. Tes descriptions étaient bonnes?

5 Jeu! Travaillez en groupe. Une personne décrit quelqu'un dans la classe.
Les autres doivent identifier la personne mystère.

A   Il est dingue.
       Il raconte des blagues...   C'est Adam!   **B**

6 *A toi!* Fais la description:
   • de ton meilleur ami/ta meilleure amie
   • de tes autres ami(e)s.
   ♣ Si nécessaire, demande à ton/ta prof.
      Exemple: «Comment dit-on 'shy'?»
                 «On dit 'timide'.»

F Infos: familles, bandes et tribus

1 **Nature-test.** Lis les phrases 1-4, et réponds 'vrai' ou 'faux'.
Ensuite, lis l'article et vérifie tes réponses.

1 Chez les gorilles, les adultes forment des couples.
2 Les gorilles sont des végétariens.
3 Chez l'hippocampe, c'est le mâle qui a les bébés.
4 L'hippocampe a seulement deux ou trois bébés.

Les gorilles

Dans une tribu de gorilles, le mâle dominant prend toutes les décisions.

Il se bat avec les autres mâles pour défendre sa position dominante.

Normalement, le mâle dominant contrôle toutes les femelles. C'est lui le père de tous les bébés de la tribu.

Contrairement l'image de King Kong, les gorilles ne sont pas violents. Ils mangent des plantes et des fruits et, en conséquence, ont un grand problème de flatulence!

L'hippocampe

Le papa hippocampe prend soin des œufs de sa femelle, et donne naissance à tous les bébés! Comment?

Le mâle a une sorte de poche incubatrice sur le ventre. La femelle dépose ses œufs dans la poche du mâle. Les embryons se développent dans cette poche pendant 10 à 50 jours.

Finalement, environ 300 bébés quittent la poche de leur père et font immédiatement surface.

2 **Bizarre, mais vrai!** Relie les phrases pour trouver des faits bizarres.

1 Dans une colonie de termites...
2 La fameuse araignée, la veuve noire,...
3 Si nécessaire, une tante éléphant...
4 Le petit de la baleine bleue...

A mange le mâle.
B mesure 7,5 mètres et pèse 2 000 kilos.
C chaque insecte a un rôle.
D peut adopter sa nièce.

Les chiffres clés

____% des adolescents français ont au moins sept amis de classe. (____% à l'âge de 11 ans, contre seulement ____% à l'âge de 18 ans.)

____% des 16-18 ans n'ont pas d'ami à l'école.

____% des jeunes français ont au moins un ami d'origine étrangère.

L'ami(e) unique concerne ____% des filles mais seulement ____% des garçons.

____% des collégiens et lycéens forment un couple.

deviner – to guess

3 Voici un sondage sur les amis. Peux-tu deviner les résultats?

a Recopie dans le bon ordre: 1% 4% 4% 8% 29% 41% 43% 53%
Regarde les **Stratégies** pour t'aider.

b Ecoute les résultats sur la cassette pour vérifier.

Stratégies

- Trouve l'expression correct dans le dictionnaire.
Exemple:

> **moins 1** *adv* less (than, *que*); fewer; **~ de deux** less than two; **au** ~ at least; **2** *prp* minus, less; **cinq heures ~ dix** ten minutes to five

au moins sept amis = **at least** seven

Attention: au ~ = au moins

- Vérifie le sens dans le contexte.
Exemple:

> **unique** unique; single, alone; only; united; *fig* unrivalled

l'ami(e) unique = one single (best) friend

Cherche aussi: étrangère

Je voudrais parler au mâle dominant de la tribu de ma fille.

G Tu parles avec qui?

Je m'entends bien avec mes grands-parents. Je parle de sport avec ma grand-mère. Elle s'intéresse beaucoup au sport.

Je parle de mes ambitions avec mon grand-père.

Je parle de l'école avec mes parents, mais je ne parle pas de mes problèmes avec eux.

Je parle de mes problèmes avec ma petite amie, Elsa. Elle est vraiment sympa. Je me confie toujours à elle. Je ne me confie pas à ma sœur, bien sûr!

Avec mes copains, je parle de tout: de l'école, de sport, de mes projets. Je parle de musique avec mon copain Nic. Je ne parle pas de sport avec lui – il n'aime pas ça.

1 Lis et écoute le texte.

Stratégie

Pour chercher un verbe réfléchi dans le dictionnaire:
je m'entends → entendre → s'entendre

> **entendre** *vt* to hear; to understand; **s'~ (avec)**
> *vi* to get on (with)

je me confie → **?**

2 a Devine: qui parle (1-7), une fille ou un garçon?

b ◆ Ecoute la cassette. Tu as bien deviné?

♣ ◆ + **En anglais**, note une raison pour chaque personne.

1 Je parle de mes problèmes avec mon petit ami.
2 Je parle de sport avec mon père.
3 Je ne parle pas de l'école.
4 Je parle de mes problèmes avec mon grand-père.
5 Je ne parle pas de mes ambitions.
6 Je parle de musique avec mes copains.
7 Je parle de mes projets avec ma meilleure amie.

Grammaire ▶▶ p.17 ▶▶ p.147

✓ je parle	✓ j'aime
✗ je **ne** parle **pas**	✗ je **?** aime **?**

3 **a** Fais un sondage.

Exemple: A Tu parles de tes problèmes avec qui? Avec ma mère. B

	aux parents	à un frère/ à une sœur	aux grands-parents	à un(e) ami(e)	à quelqu'un d'autre
problèmes	///	̶H̶H̶	//	̶H̶H̶ //	/
musique					

b Note les résultats de ta classe.

Exemple:

En général:
on parle des problèmes à un(e) ami(e)
on parle de la musique...

4 Tu lis ces lettres dans un magazine.

Qui est important pour toi?

Je ne m'entends pas très bien avec mes parents, donc je ne parle pas de mes problèmes avec eux.

Je parle plutôt de mes problèmes avec ma meilleure amie, Nadia. On fait tout ensemble. Je vais au collège avec elle, et on sort ensemble le week-end. On s'amuse bien. On parle du collège, des films, et des garçons, évidemment!

Je m'entends assez bien avec Marc, mon frère aîné, et parfois je me confie à lui.

Elodie

Pour moi, ce sont mes deux chiens qui sont les plus importants. Je les promène tous les jours. Je vais partout avec eux: au parc, en ville, à la campagne.

Le week-end, j'aime sortir avec mes copains. On va aux matchs de foot, et on discute de sport.

Je m'intéresse beaucoup au sport, et je joue au tennis. Je vais au club trois fois par semaine, et je m'entraîne avec un copain, Philippe. On fait des matchs ensemble.

Pierre

◆ Recopie et complète ces phrases.
♣ ◆ + Ecris deux autres phrases sur chaque personne.

1 **Elodie** ne se confie pas à ses _____.
2 Sa meilleure amie s'appelle _____.
3 Elle va au collège avec _____.
4 Elle s'entend _____ avec son frère.
5 **Pierre** a _____ chiens.
6 Il va au parc avec ses _____.
7 Il parle de _____ avec ses copains.
8 Il joue au _____ avec son copain, Philippe.

5 *A toi!* Ecris une lettre au magazine, comme dans l'exercice 4.
Explique **qui** est important pour toi, et **pourquoi**.

H Grammaire

Le présent (the present tense: -ir, -re)

Verbes en -ir		Verbes en -re	
finir: *to finish*		répondre: *to answer, reply*	
je fin**is**	nous fin**issons**	je répond**s**	nous répond**ons**
tu fin**is**	vous fin**issez**	tu répond**s**	vous répond**ez**
il fin**it**	ils fin**issent**	il répond	ils répond**ent**
elle fin**it**	elles fin**issent**	elle répond	elles répond**ent**
on fin**it**		on répond	

1 **a** Peux-tu identifier l'infinitif des verbes souligné*s*?

b Cherche le verbe dans le dictionnaire, puis écris l'anglais.

Exemple: **1** fin<u>ir</u> – to finish, end

Le samedi, les cours 1) <u>finissent</u> à midi. Ma sœur et moi, nous sortons le soir.
Nous 2) <u>choisissons</u> nos vêtements pour impressionner les garçons. Je vais
toujours chez Kookaï – ils 3) <u>vendent</u> des vêtements super. On 4) <u>attend</u> les
garçons au café. Parfois, on joue au tennis de table au club des jeunes.
Moi, je 5) <u>perds</u> toujours!

2 Recopie et complète ces phrases avec la bonne forme du verbe.

◆ ♣

– Salut, Sylvie. Tu (<u>attendre</u>) quelqu'un?
– Oui, j'(<u>attendre</u>) mon petit ami.
  Il est au travail, mais il (<u>finir</u>) dans
  cinq minutes.
– Qu'est-ce qu'il fait?
– Il (<u>vendre</u>) des glaces au cinéma.
  Et toi, qu'est-ce que tu fais ce soir?
– Normalement, je me (<u>détendre</u>),
  mais ce soir, je (<u>finir</u>) mes devoirs.
– Tu ne vas pas au cinéma avec François?
– Non! Il (<u>choisir</u>) toujours des films violents!

♣ (*verbes en -er, -ir, -re*)

– Alain, ton frère et toi, vous (<u>aller</u>) à
  la piscine demain?
– Non, nous (<u>travailler</u>) dans le magasin
  de mes parents. Ils (<u>vendre</u>) des souvenirs.
– Et vous (<u>finir</u>) à quelle heure?
– Nous (<u>finir</u>) à cinq heures.
– Vous (<u>aimer</u>) travailler avec vos parents?
– Moi, non. Mes parents s'(<u>entendre</u>) bien
  avec mon frère, mais pas avec moi.
  Nous nous (<u>disputer</u>) toujours. Ils (<u>choisir</u>)
  toujours mon frère pour le travail le plus
  intéressant!

ON BLAGUE!

Vous attendez depuis longtemps?

C'est mon père qui choisit mes vêtements.

Vous vendez votre maison?

Non, je vends la porte d'entrée.

Le négatif (negatives)

3 Trouve les phrases opposées. Ecris les lettres par paires.

Exemple: **a** + (?)

a Je me couche à 11h30, le samedi.

d J'aime les téléfilms.

b Je ne regarde pas la télé.

c J'adore le foot.

e Je ne me couche pas tard, le samedi.

f Je n'aime pas le sport.

g Je ne sors pas le week-end.

h Je vais en ville le samedi.

ne *verbe* **pas**	je **ne** regarde **pas** la télé elle **ne** sort **pas** ce soir	*I **don't** watch TV* *she's **not** going out tonight*
n'*verbe* **pas** *(a,e,i,o,u,h)*	je **n'**aime **pas** le foot il **n'**écoute **pas** la radio	*I **don't** like football* *he **doesn't** listen to the radio*
ne me (etc.) + *verbe* **pas**	je **ne** me couche **pas** tard on **ne** s'entend **pas**	*I **don't** go to bed late* *we **don't** get on*

4 Carole est le contraire de sa sœur, Cécile.
Ecris la description de Carole.

Exemple: Carole n'aime pas la musique.

1 Cécile aime la musique.
2 Cécile joue au tennis.
3 Cécile range sa chambre.
4 Cécile fait toujours ses devoirs.
5 Cécile s'entend bien avec ses parents.
6 Cécile se couche à neuf heures et demie.
7 Cécile écoute des CD de Vanessa Paradis.
8 Cécile va souvent au cinéma.

Des jumelles non-identiques

Cécile   Carole

5 On interviewe Hervé l'Ermite.
Ecris ses réponses. (Il répond toujours «non»!)

Exemple: **1** Non, je ne vais pas en ville.

1 Vous allez en ville?
2 Vous sortez souvent?
3 Vous regardez la télé?
4 Vous écoutez la radio?
5 Vous mangez avec la famille?
6 Vous vous détendez le week-end?
7 Vous aimez la musique?
8 Vous jouez aux cartes?

Qu'est-ce que vous faites, le soir?

Je joue au solitaire.

☐ 1 Mon endroit préféré

Olivier présente le hit-parade de ses endroits préférés.

a

b

c

MON 'TOP 5'

1 Le centre commercial au centre-ville
parce que là, je peux voir mes amis et faire
les magasins de sport.

2 Le centre sportif, en particulier le gymnase
parce que j'adore faire de la musculation.
J'aime aussi regarder les matchs.

3 Le club des jeunes
parce que là, je peux voir mes amis et faire du
sport.

4 Le parc
parce que là, je peux me détendre avec mes
copains.

5 Ma chambre
parce que c'est l'endroit chez moi où je peux
être seul.

Les endroits que je déteste:
– la campagne, parce que c'est ennuyeux.
– l'école, parce que c'est nul.

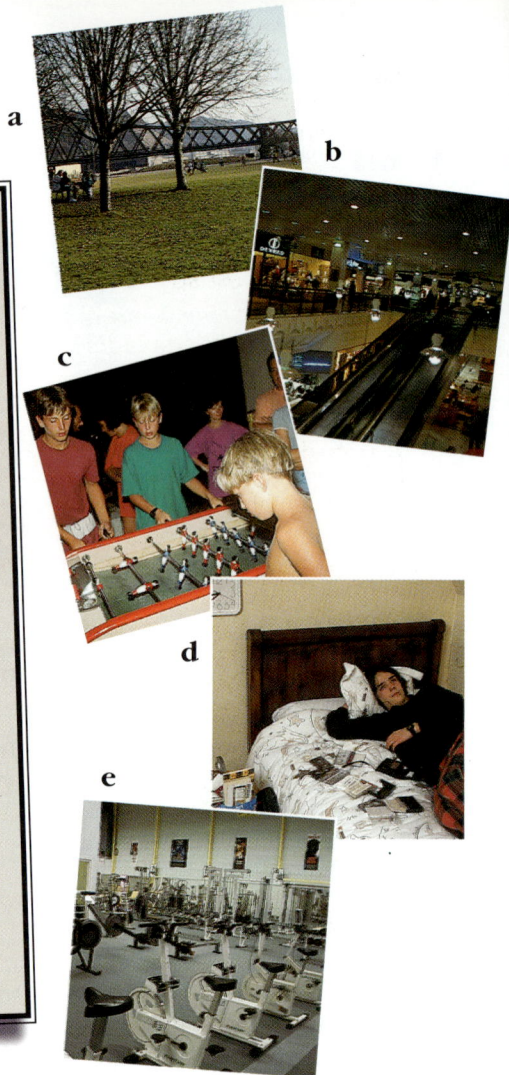

d

e

1 Lis et écoute le Top 5 d'Olivier. Pour les endroits 1-5, trouve la photo (**a-e**) qui
correspond.

2 Ecoute la cassette. Six amis d'Olivier parlent
de leurs deux endroits préférés.

◆ Note les endroits.

♣ ◆ + Note une raison pour chaque endroit.

Grammaire ▶▶ p.148

je peux **me** détend**re**
j'aime regard**er**

3 Travaillez à deux.

• En secret, **A** écrit un endroit qu'il/elle aime. Il/elle donne à **B** une raison.
B doit deviner l'endroit.

• Changez de rôle. Répétez le jeu quatre fois.

A Je peux être seule.

B C'est ta chambre?

A Non.

B Alors, c'est la campagne?

A Oui, c'est ça.

4 Lis ces lettres. Trouve une ou deux personnes pour chaque question.
Ecris les noms.

1 Qui préfère rester à la maison?
2 Qui aime sortir avec des amis?
3 Qui préfère sortir seul(e)?
4 Qui est sportif(ve)?

Mon endroit préféré, c'est le cinéma, parce que j'adore regarder des films, surtout des films d'horreur. Normalement, je vais seul au cinéma.

Serge

Moi, j'adore le centre commercial parce que c'est là que je vois mes copines. On fait les magasins, on va chez Mc Donald's, on bavarde. Le samedi, il y a beaucoup de jeunes au centre commercial. C'est vraiment génial.

Lola

Pour moi, mon endroit préféré, c'est le stade. J'adore regarder les matchs de foot. J'aime aussi la piscine. Je fais de la natation deux fois par semaine. J'adore ça.
Véronique.

Mon endroit préféré, c'est ma chambre. C'est là que je peux être seul et me détendre. J'adore jouer sur mon gameboy. Parfois, j'invite des copains, et on joue ensemble.

Jean-Paul

Mon endroit préféré, c'est la cuisine. Oui, c'est vrai! Là, je peux laisser courir mon imagination. J'adore inventer des desserts, surtout des desserts au chocolat. Après l'école, j'aimerais être chef.

Claude.

Moi, j'aime aller en ville avec ma bande. On va à la discothèque ou à la patinoire. Mes copains sont dingues, on s'amuse bien ensemble. Je vais souvent chez ma copine, aussi. Je m'entends bien avec sa famille.

Luc.

5 ◆ Ecris une raison pour chaque endroit.

♣ Ecris deux ou trois raisons pour chaque endroit. Tu peux inventer des raisons.

Exemples: Je peux écouter de la musique.
J'aime voir ma famille.

le club des jeunes

ma chambre

le centre commercial

la campagne

le centre sportif

le parc

le centre-ville

6 **A toi!**

◆ Ecris le 'Top 5' de tes endroits préférés.

Exemple: 1 ma chambre – là, je peux être seul(e)

♣ Ecris une lettre, comme dans l'exercice 4. Parle de cinq endroits.

Exemple: Mon endroit préféré, c'est ma chambre, parce que j'adore ...
J'aime aussi...

J Ta chambre et ta personnalité

**Qu'est-ce que tu as dans ta chambre?
Sais-tu que ta chambre et tes
possessions peuvent montrer
ta personnalité et tes passions?**

1 Tu es fana de sport

d un trophée
e un poster d'une équipe de foot
b un ballon
c un jogging
a des baskets

Tu fais de la musculation, tu lis des magazines de sport, tu regardes les matchs à la télé… Mais, en fait, tu ne passes pas beaucoup de temps dans ta chambre – tu préfères aller au centre sportif.

2 Tu es passionné(e) de musique

f une chaîne hi-fi
j des posters de ton groupe préféré
g un instrument de musique
i une radio
h des CD et des cassettes

Dans ta chambre, tu écoutes de la musique, tu joues de la guitare, tu écris des lettres à ton chanteur/ta chanteuse préféré(e).

3 Tu es techno

k un ordinateur
m une calculatrice
l des jeux-vidéo
n des outils

Tu joues sur ton ordinateur et écris des programmes, tu fais des modèles, tu répares ton vélo ou la radio de ta petite sœur…

4 Tu es passionné(e) de nature

p des posters d'animaux
o un animal
q une plante
r des fleurs
s un bloc à dessins

Dans ta chambre, tu dessines, tu nettoies la cage de ton hamster ou ton aquarium. Mais, en fait, tu préfères être à la campagne.

1
a Lis l'article.

b Ecoute: Eric, un français, discute de sa chambre. Qu'est-ce qu'il a dans sa chambre? Note les lettres. Il a quelle personnalité?

Stratégie

Ecoute bien!
J'ai un(e) … – I've got a …
Je **n'**ai **pas** de/d' … – I **haven't** got a …

2 Recopie les objets des chambres en deux listes.
Ta chambre correspond à une des chambres de l'article?
'Oui' (quelle chambre?) ou 'non'?

> ✓ J'ai...
> des baskets

> ✗ Je n'ai pas...
> de ballon

Grammaire ▶▶ p.147

J'ai un ballon	Je n'ai pas **de** ballon
J'ai une raquette	Je n'ai pas **?** raquette
J'ai des baskets	Je n'ai pas **?** baskets

3 a Fais une prédiction: ton/ta partenaire a quelle personnalité (fana de sport, etc.)?

b Pose-lui des questions. Ta prédiction était correcte?

Exemple:

A **Tu as des baskets dans ta chambre?**   **Oui, j'ai des baskets.** B

A **Tu as une raquette?**   **Non, je n'ai pas de raquette.** B

4 *À toi!* Tu vas faire un exposé sur ta chambre pour ton groupe.

a Prépare ton exposé. Regarde l'article pour t'aider.

Attention!
tu nettoi**es** → je nettoi**e**

- Note ce que tu **as** dans ta chambre.
- Note ce que tu **fais** dans ta chambre (travail/loisirs).

◆ Ecris des phrases simples.

Exemple: Dans ma chambre, j'ai une chaîne hi-fi et des CD.
J'écoute de la musique.
Je dessine.

♣ Tu veux écrire autre chose? Demande à ton/ta prof.

Exemple: «Pardon, Monsieur/Madame. Comment dit-on 'I paint'?»
«On dit 'je fais de la peinture'.»

b Ecoute l'exposé d'une jeune Française. Elle a quelle personnalité?

c Fais ton exposé à ton groupe.
Les autres membres du groupe prennent des notes. Après, ils te disent ta personnalité.

> J'adore le sport. Dans ma chambre, j'ai des baskets, deux raquettes de tennis...

K Qui t'énerve?

Olivier n'est pas content...

Mon frère cadet m'énerve. Il prend toujours mes vêtements.

Jérémie!

Oh!

Il écoute mes CD et il lit mes magazines. Ça m'énerve!

Jérémie! Tu devrais demander ma permission!

Et toi, tu joues sur mon ordinateur. Ce n'est pas juste!

Tais-toi! Je suis plus âgé que toi!

devrais – should

1 Lis et écoute le roman-photo. A ton avis, Olivier, est-il raisonnable?

il m'énerve – he gets on my nerves
ils m'énervent – they get on my nerves
ça m'énerve – that gets on my nerves
mon frère aîné/cadet – my older/younger brother
ma sœur aînée/cadette – my older/younger sister

2 Ecoute des interviews à la radio (1-5). Explique **en anglais**:
◆ Who gets on each person's nerves?
♣ ◆ + Why?

3 Recopie et complète, avec les verbes **prendre** et **lire**.

1 Mon frère _____ mes vêtements.
2 Ma sœur _____ mes magazines.
3 Mes parents _____ mes lettres.
4 Mon copain _____ mes crayons.
5 Mes frères _____ mes CD.

prendre: to take	lire: to read
je prends	je lis
tu prends	tu lis
il prend	il lit
nous prenons	nous lisons
vous prenez	vous lisez
ils prennent	ils lisent

4 *A toi!* Interviewe ton/ta partenaire et réponds à ses questions. (Tu peux inventer les détails!)

A Qui t'énerve?
B Parfois, ma copine m'énerve.

A Pourquoi?
B Elle prend mes stylos.

Prononciation: -ç- / -ci- / -ce- / -gi- / -ge-

Normalement, la lettre **c** se prononce comme *'cat'* en anglais.
Ecoute les exemples: **c**assette, **c**ollège, j'é**c**oute

Attention! **ç**; **c + e**; **c + i** se prononcent comme *'certain'* en anglais.
Ecoute les exemples: gar**ç**on, **c**'est, **c**inq

A
- C'est 'k' ou 's'?
- Ecoute la cassette pour vérifier.

1 je m'appelle Ali**c**e
2 le **c**entre-ville
3 le **c**entre **c**ommer**c**ial

4 une **c**al**c**ulatri**c**e
5 des gla**ç**ons
6 mon frère **c**adet

- Pour 2-6, trouve les images qui correspondent.
  Si nécessaire, emploie un dictionnaire.

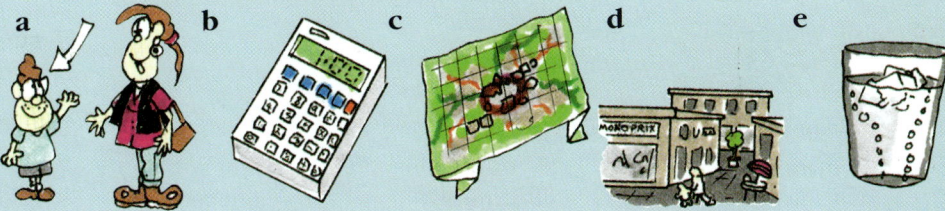

a **b** **c** **d** **e**

Normalement, la lettre **g** se prononce comme *'gone'* en anglais.
Ecoute les exemples: **g**arçon, **g**rand-mère

Attention! **g + e**; **g + i** se prononcent comme *'leisure'* en anglais.
Ecoute les exemples: **g**énial, **g**entil

B
- Trouve l'intrus. *Exemple:* **1 b**
- Ensuite, écoute la cassette pour vérifier.

1 **a** je re**g**arde **b** je suis vé**g**étarien **c** c'est din**g**ue!
2 **a** le **g**olf **b** un **g**orille **c** l'ima**g**e
3 **a** la **g**ymnastique **b** la **G**rande-Bretagne **c** la **G**rèce
4 **a** l'a**g**riculture **b** la boulan**g**erie **c** la **g**éographie

> Moi, c'est Cécile.
> J'ai cinquante-cinq ans.
> J'habite à Nice.
> J'aime le cinéma.

> Je m'appelle Claire.
> J'habite à Calais.
> Moi, j'aime les discothèques
> et le camping.

Invente d'autres personnages!

L Atelier

Un profil

1 Imagine que tu es Olivier. Fais ton profil.
(Si nécessaire, cherche dans l'unité 1 pour vérifier les détails.)

   ◆ Recopie les phrases vraies.
   ♣ Ajoute d'autres détails aussi. *Exemple:* «Dans ma chambre, j'ai... »

Exemple:

> Olivier Mouchot
> *Je ne m'entends pas très bien avec ma famille.*

Je ne m'entends très bien avec ma famille.

Je n'ai pas d'amis.

Je me confie à ma sœur.

Je me dispute souvent avec mes parents.

Je m'entends bien avec mon frère.

Je ne m'entends pas très bien avec ma famille.

Je me confie à ma copine.

Mon frère m'énerve.

Je ne me dispute pas avec mes parents.

J'ai beaucoup d'amis.

2 ◆ Tu ressembles à Olivier? Oui, beaucoup./Oui, un peu./Non, pas du tout.
   Tu aimes bien Olivier? Oui, beaucoup./Oui, un peu./Non, pas du tout.

   ♣ ◆ + Pourquoi? *Exemple:* Olivier a beaucoup d'amis. **Moi aussi**, j'ai...

3 Travaillez en groupes de deux ou trois.
Faites le profil d'une personne réelle ou inventée.

Ecris des détails sur:

   • sa famille et ses amis (p.2-5, 10-11, 14-15)
   • sa chambre (p.20-21)
   • une journée typique (p.6-7)

Si possible, fais un grand poster avec une photo.

Exemples:

   ◆ Je **m'entends** bien avec **ma** famille.
   ♣ Il **s'entend** bien avec **sa** famille.

MICHAEL JACKSON

Je ne m'entends pas bien avec ma sœur, La Toyah.

Les disputes

4 **Situation 1**

Tu te rappelles le problème d'Olivier (p.2)?

a Lis et écoute les trois scénarios. Tu préfères quel scénario: **A**, **B** ou **C**?

b Joue les trois scénarios avec un(e) partenaire.

A

B

C

| déjà – already |

5 **Situation 2**

Lis et écoute les scénarios **D**, **E**, et **F**.

A ton avis, est-ce que le frère est raisonnable? Réponds 'oui' ou 'non' pour D, E et F.

D

S – Je peux écouter tes CD?

F – Non, pas maintenant.

S – Pourquoi?

F – Parce que je fais mes devoirs.

S – Alors plus tard?

F – Oui, d'accord.

E

S – Je peux écouter tes CD?

F – Non, tu ne peux pas.

S – Mais ce n'est pas juste! Toi, tu joues sur mon ordinateur!

F

S – Je peux écouter tes CD?

F – Oui, bien sûr.

S – Merci.

| S = la sœur |
| F = le frère |

6 **a** A deux, mémorisez et jouez deux scénarios différents pour chaque situation.

b ◆ Jouez une autre situation, **A** ou **B**:

A Le/la jeune veut aller à la discothèque. Le père/la mère dit 'non'...

B Le/la jeune veut jouer sur l'ordinateur de son frère/de sa sœur...

♣ ◆ + Inventez une autre situation et conversation.

Les fêtes

*Delphine
Lassalle*

A L'anniversaire

Dimanche

Hier, c'était l'anniversaire de ma sœur, Julie. Elle a fêté ses 20 ans.

**Samedi.
Elle a invité ses
amis à une soirée.**

Bon anniversaire!

Merci.

Voici un petit cadeau pour toi.

Ah, merci, Jean. C'est gentil.

**Elle a reçu un super
cadeau de sa meilleure
amie, Claire.**

Tiens, Julie. C'est pour toi.

Un CD de Khaled! Merci beaucoup. C'est super!

**Son petit
ami est cool!**

Delphine, je te présente Arnaud.

Salut. Ça va?

**On a beaucoup
mangé (et bu).**

Santé!

Bon appétit!

1 Lis et écoute le roman-photo.

◆ C'est vrai ou faux?

♣ ◆ + Corrige les phrases fausses.

1 Julie, la sœur de Delphine, a dix-neuf ans.
2 Julie a reçu un CD de sa meilleure amie.
3 Pour son anniversaire, elle a mangé au restaurant.
4 Delphine n'aime pas le petit ami de sa sœur.

L'anniversaire des 20 ans est important en France. Quel anniversaire est important chez toi?

2 Ecoute la cassette. C'est quelle situation?
Note 'a', 'b' ou 'c' pour chaque conversation (1-7).

a
b
c

3 Julie reçoit ces cadeaux de qui? Ecris des phrases complètes.

1 Julie a reçu un CD...
2 Elle a reçu un poster...
3 Elle a reçu un livre...
4 Elle a reçu des vêtements...
5 Elle a reçu des produits de toilette...
6 Elle a reçu de l'argent...

a   de son petit ami

b   de sa sœur

c   de ses parents

d   de sa meilleure amie

e   de ses cousins

f   de son grand-père

Grammaire
▶▶ p.40

mon frère	**ton** frère	**son** frère
ma sœur	**?** sœur	**?** sœur
mes cousins	**?** cousins	**?** cousins

4 a Ecoute la cassette (1-8). Julie dit «merci», mais est-elle sincère?
  ◆ Est-ce qu'elle **aime** les cadeaux, à ton avis? Ecris 'oui' ou 'non'.
  ♣ ◆ + Note le cadeau.

b A deux, inventez des conversations similaires.
Ton/ta partenaire doit dire si tu aimes les cadeaux.

Exemple:

A Voilà un cadeau pour toi.

B Oh... un poster de Mickey et Donald. Merci... C'est... gentil!

A Tu n'aimes pas le poster!

B C'est juste!

Prononciation: -en- / -em-

A Ecoute la prononciation: **-en-** / **-em-**.
C'est un son nasal, comme **-an-** / **-am-**.

Ecoute et répète ces mots:

arg**en**t vêtem**en**ts g**en**til **en**sem**b**le
gra**n**d-père m**an**ger dim**an**che ch**am**bre

en! en! en!

B Peux-tu prononcer ces mots?

une av**en**ture (*an adventure*)
entre (*between*)
un **em**ploi (*a job*)
un **em**ployé (*an employee*)

Ecoute la cassette pour vérifier.

C A deux! Pouvez-vous noter d'autres mots avec cette prononciation?

B C'était bien, la soirée?

Delphine écrit à sa cousine, Perrine.

3, rue du Paradis
76008 Rouen
dimanche, 5 mai.

Chère Perrine,
Salut! Hier, c'était l'anniversaire de Julie. On a fêté ses vingt ans. Elle a fait une soirée chez nous, c'était nul, archi-nul!

Moi, j'ai tout organisé, comme toujours. D'abord, j'ai fait les courses, puis j'ai préparé le buffet. J'ai aidé ma mère à ranger le salon, et j'ai nettoyé la salle de bains. J'ai fini le ménage à la dernière minute! Julie n'a rien fait - c'est typique!
En plus, j'ai pris des photos pour Julie (elle a perdu son appareil-photo - l'imbécile!).

Un garçon, Kevin, m'a baratinée pendant toute la soirée. Il m'a invité à sortir avec lui. Il n'était pas mal, donc j'ai accepté. Je n'ai pas bavardé avec les autres amis de Julie, parce qu'ils étaient vraiment ennuyeux.
Bon, alors, c'est tout. Ecris-moi bientôt.
Bisous.

Delphine

> baratiner – to chat up

a
b
c
d
e

1 **a** Lis la lettre. Tu as bien compris? Si nécessaire, emploie un dictionnaire.
b Ecris les lettres des images dans le bon ordre.

2 Ecris des phrases complètes. Ensuite, écoute la cassette pour vérifier.

1 J'ai préparé	**A** le ménage.
2 J'ai fait	**B** des photos.
3 J'ai fini les préparations	**C** avec Kévin.
4 J'ai pris	**D** des sandwichs.
5 J'ai bavardé	**E** à huit heures.

3 Julie, la sœur de Delphine, téléphone à son cousin, Daniel.

a Ecoute la cassette et regarde les questions. Daniel pose les questions dans quel ordre? Ecris les lettres.

b ◆ Ecoute encore une fois, et trouve la réponse à chaque question.
♣ Trouve la réponse à chaque question. Ecoute la cassette pour vérifier.

Questions	**Réponses**
a Tu as dansé?	**h** J'ai bu du champagne.
b C'était bien, la soirée?	**i** Non, je n'ai pas pris de photos. J'ai perdu mon appareil-photo.
c Tu as invité qui?	
d Qu'est-ce que tu as bu?	**j** J'ai bavardé avec tout le monde.
e Tu as parlé avec qui?	**k** J'ai fait une soirée.
f Qu'est-ce que tu as fait pour ton anniversaire?	**l** Oui, j'ai dansé avec mon copain, Arnaud.
	m Oui, c'était vraiment chouette!
g Tu as pris beaucoup de photos?	**n** J'ai invité des copains du lycée et du club des jeunes.

Grammaire	▶▶ p.32 ▶▶ p.149
j'ai préparé	tu **?** fait	il **?** eu

4 a Prépare des réponses aux questions de l'exercice 3.
Tu peux décrire une soirée réelle ou imaginée.

b Pose les questions à ton/ta partenaire.
Note son attitude: ☺ ou ☹.
Ensuite, changez de rôle.

Exemple:

A Tu as invité qui?

J'ai invité Gazza et... **B**

5 *A toi!* Ecris une lettre. Décris une soirée que tu as eu, réelle ou imaginée.

◆ Emploie les mots et expressions de ces pages.
♣ Emploie d'autres mots, aussi.
Si nécessaire, demande des mots à ton/ta prof.

Fermez votre livre et cahier!

Stratégies

N'oublie pas:
• Pour commencer une lettre:
Cher (garçon) / Chère (fille) – Dear
• Pour terminer une lettre:
Amitiés – Best wishes
Bisous – Lots of love

C Une journée avec Kévin

La journée a mal commencé. J'ai attendu pendant 30 minutes.

Je suis en retard. Je suis désolé!

On a fait du patin à roulettes. C'était affreux!

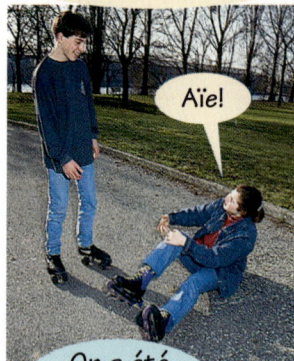

Aïe!

On a été à la patinoire. C'était super!

On a passé une journée super.

Kévin a parlé de sport tout le temps. C'était vraiment ennuyeux!

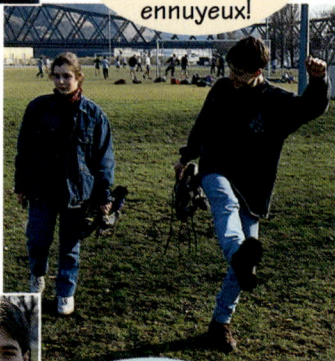

Après, on a mangé au 'Quick'. C'était nul!

Le soir, on a regardé un film. C'était marrant.

Mais je suis végétarienne!

On a parlé de sport. C'était intéressant.

Au 'Quick', on a bavardé ensemble. C'était génial.

On a été au cinéma. Le film était vraiment bête!

Attention!
une journée – a day
un voyage – a journey

1 Lis et écoute le roman-photo.
Les phrases 1-6 sont vraies ou fausses?

1 Delphine a passé une journée super.
2 Elle aime le sport.
3 Elle a aimé le film.
4 Elle aime les hamburgers.
5 Kévin déteste le sport.
6 Il a passé une bonne journée.

2 Relie les mots français avec les mots anglais.
Exemple: affreux – awful

affreux génial bête super
marrant ennuyeux nul intéressant

boring super rubbish interesting
awful funny great stupid

3 a Ecoute la cassette et fais des prédictions.
Quelle est l'opinion de chaque personne: **A** ou **B**?

b Ecoute et vérifie tes réponses.

1	On a regardé un documentaire à la télé.	**A** C'était intéressant.	**B** C'était ennuyeux.
2	On a fait du patin à roulettes.	**A** C'était génial.	**B** C'était nul.
3	On a écouté un concert à la radio.	**A** C'était super.	**B** C'était affreux.
4	On a joué aux cartes.	**A** C'était marrant.	**B** C'était bête.
5	On a été au centre commercial.	**A** C'était génial.	**B** C'était ennuyeux.

Stratégie

Pour apprendre du vocabulaire, fais des listes.
Exemple:

☺ ☹

C'était marrant.   C'était bête.
C'était...   C'était...

---

4 Travaillez à deux.

A imagine une journée avec un(e) ami(e). En secret, il/elle écrit trois activités.
B essaie de deviner les activités. Ensuite, changez de rôle.

Exemple:

A Vous avez été au centre commercial?   Non. **B**

5 *A toi !* A deux, imaginez que vous avez passé la journée ensemble.

Mais, comme Delphine et Kévin, vous avez des opinions très différentes!

a Préparez des **notes** (des **mots**, pas des phrases!).
   ◆ Regardez les images pour vous aider.
   ♣ ◆ + Inventez d'autres détails, aussi.

b Décrivez la journée à vos camarades, et donnez vos différentes opinions.

SAINT SEVER
- ROUEN -
ECRAN 1
14H15
EXONERE   FF 00.00

SPACE JAM
10.02 12:34 01084614

10.02 12:34 01084614
SAINT SEVER
ECRAN 1
- ROUEN -
SPACE JAM
14H15
EXONERE   FF 00.00

Sandwich/Toble   15.00
Sandwich/Toble   15.00
Boisson coca   8.00
Boisson coca   8.00

TOTAL
A PAYER   F   46.00

LE FOURNIL
PATISSERIE - SALON DE THE
R.C. 321 103 970 - SIREN 321 103 970 00016
APE 5530
Tél. 36 73 35 95
Boutique 147
Centre Commercial ST SEVER
76100 ROUEN

LUNDI

TF1

6.05 MÉSAVENTURES
® CHASSEURS DE PRIMES
avec Jean Lescot, Cédric Dumont,
Jean-François Rouzière   1326036

6.30 INTRIGUES
LE MARI, L'AMANT, LA COUPABLE
avec Daniel Briquet, Alain Payen, Catherine Aymerie   5119253

6.55 MÉTÉO et à 8.25, 9.00

7.00 TF1 INFO   95961475

7.10 SALUT LES TOONS ❶   16562
Dessins animés : Pinocchio ; Bambou
et compagnie ; Dink le petit   7852494
dinosaure ; Les Dinos juniors

8.30 TÉLÉ SHOPPING
présenté par Laurent Cabrol
et Catherine Falgayrac   9272388

**9.05 CLUB DOROTHÉE
VACANCES ❶**
animé par Dorothée, Ariane,   9520307
Jacky et Eric (stéréo)
Pendant les vacances de février, des
sketches, interprétés par toute l'équipe
de l'émission, sont diffusés entre chacu-
ne des séquences, séries ou dessins
animés.
Jeux : Le Cadeau du Club Dorothée
et Le Jeu de l'innocente victime

15.20 CÔTE OUEST
Série américaine   4038456
® L'APPEL DE L'ARGENT
Cathy
Gary ....Lisa Hartman
Abby ....Ted Shackelford
..................................Donna Mills
Cathy, le sosie de Ciji, séduit Gary qui
l'invite chez lui. Le ranch se trouve, à ce
moment-là, surveillé par une patrouille
de la police. Dénué de scrupules, Sum-
ner veut inciter Abby, stupéfaite, à ache-
ter les voix de ses électeurs. Une violen-
te discussion éclate entre eux...

16.15 L'HOMME QUI TOMBE A PIC
Série américaine
® LE CANDIDAT MARRON
Colt Seavers   4022758
Robin Stevens ....Lee Majors
Jody ....Ann Lockhart
..................................Heather Thomas

D Grammaire

Le passé composé (the perfect tense: avoir)

Le passé composé: **avoir** + **verbe** (participe passé)

Verbes en -er: mang~~er~~ → mang + **é** → mang**é**

manger: *to eat*

j'**ai** mang**é**	*I ate, I've eaten*	nous **avons** mang**é**	*we ate, we've eaten*
tu **as** mang**é**	*you ate, you've eaten*	vous **avez** mang**é**	*you ate, you've eaten*
il **a** mang**é**	*he ate, he's eaten*	ils **ont** mang**é**	*they ate, they've eaten*
elle **a** mang**é**	*she ate, she's eaten*	elles **ont** mang**é**	*they ate, they've eaten*
on **a** mang**é**	*we ate, we've eaten*		

1 Ecris des phrases.

Exemple: **1** J'ai mangé une pizza.

1 J'ai   une   mangé   pizza.
2 la   télé.   avons   Nous   regardé
3 préparé   ont   des   Elles   sandwichs.
4 au   tennis   joué   as   Tu   ce   matin?
5 CD.   écouté   des   a   Elle
6 oublié   J'ai   cahier.   mon
7 Vous   le   film?   regardé   avez
8 mangé   On   des   sandwichs.   a

fin + i

Verbes en -ir: fin~~ir~~ → fin + **i** → fin**i**	**Verbes en -re:** vend~~re~~ → vend + **u** → vend**u**
j'**ai** fin**i** tu **as** chois**i** il **a** rempl**i**	j'**ai** vend**u** tu **as** attend**u** il **a** répond**u**

2 Recopie et complète ces phrases.

Exemple: **1** Tu as fini tes devoirs?

◆ ♣

1 Tu (finir) tes devoirs?
2 J'(choisir) un T-shirt rouge.
3 Elle (finir) sa pizza.
4 Il (vendre) son vélo.
5 J'(répondre) à la question.

♣

6 Vous (finir) votre dîner?
7 Ils (choisir) de rester à la maison.
8 Nous (vendre) la maison.
9 Elles (répondre) au professeur.
10 Nous (attendre) longtemps.

J'ai fini mon dîner!

finir – to finish
choisir – to choose
vendre – to sell
répondre – to answer
attendre – to wait

Exceptions:

boire (*to drink*) – j'ai **bu**
voir (*to see*) – j'ai **vu**
lire (*to read*) – j'ai **lu**
avoir (*to have, to get*) – j'ai **eu**

prendre (*to take*) – j'ai **pris**
mettre (*to put*) – j'ai **mis**
écrire (*to write*) – j'ai **écrit**
faire (*to make, to do*) – j'ai **fait**
être (*to be*) – j'ai **été**

3 Voici tes projets pour samedi:

1

faire de la natation

2

finir mes devoirs

3

lire mes magazines

4

prendre des photos au parc

5

écrire une lettre à mon correspondant

6

voir un film au cinéma

C'est dimanche. Ecris ce que tu as fait hier.
Exemple: **1** Hier, j'ai fait de la natation.

dimanche 17

Phrases négatives: n'*avoir* **pas** *participe passé*

je **n'**ai **pas** vu le film   tu **n'**as **pas** mangé ta pizza   il **n'**a **pas** fait ses devoirs

4 Olivier a une liste de choses à faire. Mais il sort avec ses amis! Que dit sa mère?
Exemple: **1** Tu n'as pas fini tes devoirs!

Olivier,
Aujourd'hui, tu dois:
  – finir tes devoirs
  – faire ton lit
  – ranger ta chambre
  – acheter le pain pour
    les sandwichs
  – préparer les sandwichs
  – aider ton père dans
    le jardin
  – écrire à tante Joëlle.

Olivier!
Tu n'as pas fini tes devoirs!

E **Infos et jeux**

L'âge de la majorité
A quel âge est-on adulte? Ça dépend...

A l'âge de ___ ans, on peut conduire une mobylette de moins de 50 cm³.

Dès ___ ans, on peut conduire une moto de 125 cm³.

Pour conduire une voiture tout seul, il faut avoir ___ ans.

En France, les filles peuvent se marier à partir de ___ ans et 3 mois, avec l'autorisation de leurs parents. Les garçons peuvent se marier à ___ ans.

A l'âge de ___ ans, un jeune peut commencer à travailler à plein temps.

Quand on a ___ ans, on peut travailler pendant les grandes vacances, mais on ne doit pas travailler plus de quatre heures par jour, et pas plus de la moitié des vacances scolaires.

Les Français ont le droit de voter à partir de ___ ans.

On peut prendre une boisson alcoolisée dans un café à partir de ___ ans.

Scolarité
On peut aller à l'école maternelle de deux ans jusqu'à six ans.
On va à l'école primaire de six à ___ ans.
On peut quitter l'école secondaire à ___ ans.

1 **a** Lis l'article et devine les âges.

b Ecoute la cassette pour vérifier.
Totalise tes points! l'âge correct = 2 points; plus/moins un an = 1 point

2 Ecris des phrases sur ton pays.

Exemples: Chez nous, **on peut** se marier **à _____ ans**.
On peut voter **à _____ ans**.

3 Aimes-tu les fêtes? Fais ce jeu-test. Si nécessaire, emploie un dictionnaire.

Faites la fête!

1 Tu es invité(e) à une fête chez des copains (copines). Tu arrives:
- Pile à l'heure, prêt(e) à danser.
- Le dernier, deux heures après tout le monde.
- Deux heures avant tout le monde, avec des CD, des cadeaux, des chips.

2 Un camarade de classe t'invite à sa soirée. Tu ne l'aimes pas beaucoup. Que dis-tu?
- «Je peux venir avec tous mes copains?»
- «Je peux t'aider, si tu veux. Je peux préparer des sandwichs.»
- «Euh… je ne sais pas…»

3 Quelle est ta place préférée pendant une fête?
- Partout!
- La piste de danse, où il y a beaucoup de monde et beaucoup de bruit.
- Un coin tranquille.

4 Quel est le moment que tu préfères dans une fête?
- La préparation, les invitations et l'accueil des invités.
- Les photos et les bons souvenirs.
- Absolument tout!

5 Tu organises une fête à la maison, avec tes copains (copines).
- Tu prépares beaucoup de jeux.
- Tu décores tout l'appartement.
- Tu proposes que chaque personne prépare quelque chose: des sandwichs, des pizzas, du punch, etc.

Résultats

Tu as une majorité de ronds jaunes
La fête? Pour toi, c'est d'abord un spectacle. Les autres invités, la musique, tu apprécies tout. Tu ne trouves pas ça ennuyeux, tu observes.

Tu as une majorité de ronds rouges
Tu adores aller aux fêtes de tes copains. Tu danses, tu bavardes, tu racontes des blagues... Avec toi, la bonne ambiance est assurée.

Tu as une majorité de ronds bleus
Tu as vraiment du talent pour organiser les fêtes! Tu adores inviter tes copains. Avec toi, c'est toujours beau, bon, original, animé, coloré.

F Une glace à la vanille, s'il vous plaît

Delphine sort avec ses amis. Comme d'habitude, c'est elle qui organise tout...

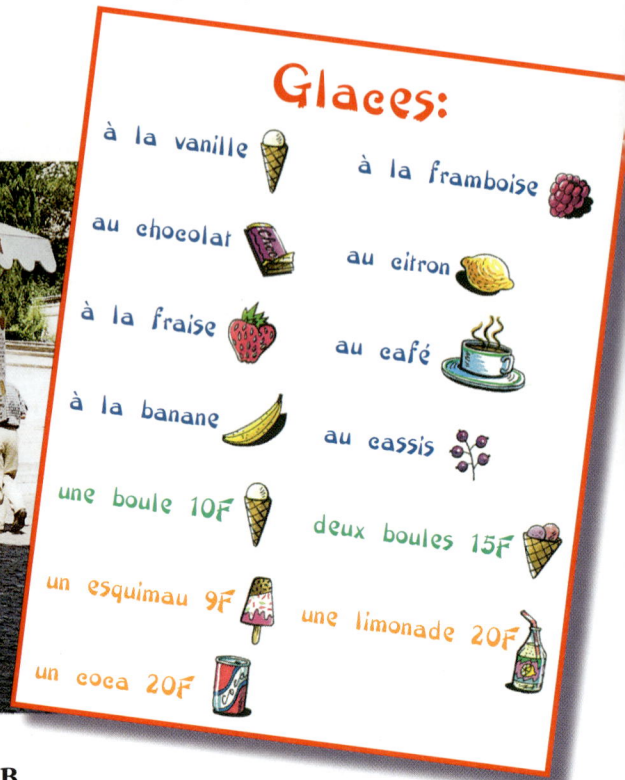

Glaces:
à la vanille — à la framboise
au chocolat — au citron
à la fraise — au café
à la banane — au cassis
une boule 10F — deux boules 15F
un esquimau 9F — une limonade 20F
un coca 20F

A

Delphine: Alors, qu'est-ce que tu prends?
Olivier: Une glace au cassis.
Delphine: Et toi, Elsa?
Elsa: Moi, je prends une glace à la fraise et un coca.
Delphine: Et toi, Kévin?
Kévin: Comment?
Delphine: Fais attention, Kévin! Tu veux une glace?
Kévin: Euh non, merci. Je prends un esquimau.

B

Delphine: Une glace <u>au cassis</u> et une <u>à la fraise</u>, s'il vous plaît.
Le vendeur: Une boule ou deux?
Delphine: <u>Une boule</u>.
Le vendeur: Voilà. C'est tout?
Delphine: Non, <u>un coca</u> aussi, et <u>deux esquimaux</u>. Ça fait combien?
Le vendeur: Ça fait <u>58 francs</u>.
Delphine: Voilà.
Le vendeur: Merci.

1 Lis et écoute les conversations. Qui prend quoi?

a  **b**  **c**  **d**

2 a A deux, lisez les dialogues.

b Ensuite, changez les mots <u>soulignés</u> dans le dialogue **B**.

3 Ecoute la cassette (1-6).
- ◆ Qu'est-ce qu'on achète? Note les lettres.
- ♣ ◆ + Note le prix.

a b c d

e f g h

Stratégie

Prépare-toi! Pense aux mots français **avant d'écouter la cassette**.
Exemple: **a** = un esquimau

4 *A toi!* Travaillez en groupes de trois ou quatre.
- ◆ Lisez les dialogues **A** et **B**, p.36, pour vous aider.
- ♣ Ne regardez pas le livre.

a Une personne demande à chaque ami: «Qu'est-ce que tu prends?» (comme le dialogue **A**). Il/elle écrit une liste.

b Une personne achète les glaces, etc. (comme le dialogue **B**).

c Ensuite, changez de rôle.

Alors, on va dans les magasins maintenant?

Oui, si tu veux...

Tu n'as pas encore fini ton esquimau, Kévin? Dépêche-toi!

Oh là là! Tu veux tout organiser, Delphine! Moi, je rentre! Salut!

5 Quelle est ton opinion? **A** ou **B**?
A «Delphine est trop autoritaire.»
B «Kévin se comporte comme un enfant.»

autoritaire – bossy
se comporter – to behave, act

G Une visite scolaire

Delphine a fait une visite scolaire avec sa classe.
Elle prépare des photos et des textes pour afficher dans la salle de classe.

A

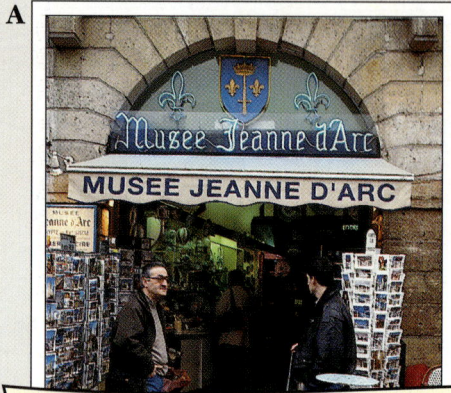

B

> Nous sommes restés au musée pendant deux heures et demie. Après, on a déjeuné.

> On est arrivé au musée à __h__.
> Le matin, on a visité le musée,
> où on a vu une exposition sur la
> vie de Jeanne d'Arc.

1 Regarde les photos et les textes. Ecoute la cassette: Delphine parle de la visite.

a Ecris les lettres des photos dans le bon ordre.
b Ecris les heures.

2 Voici des textes qu'elle n'a pas choisis. Trouve les images qui correspondent.

1
> On a rempli une fiche avec des questions sur l'expo. C'était assez difficile.

a

b

c

2
> Nous sommes sortis du musée deux heures et demie plus tard et nous avons mangé nos sandwichs à l'extérieur.

3
> On a acheté des souvenirs dans le petit magasin à côté du musée.

d

e

4
> Je me suis disputée avec Kévin, encore une fois. Il est vraiment bête, ce garçon. Je l'ai plaqué.

5
> Dans le bus, on a chanté et raconté des blagues. Je me suis très bien amusée!

> plaquer (*argot*) – to pack in; chuck (*slang*)

C

A __h__, nous sommes partis. Je suis rentrée chez moi à __h__.

D

E

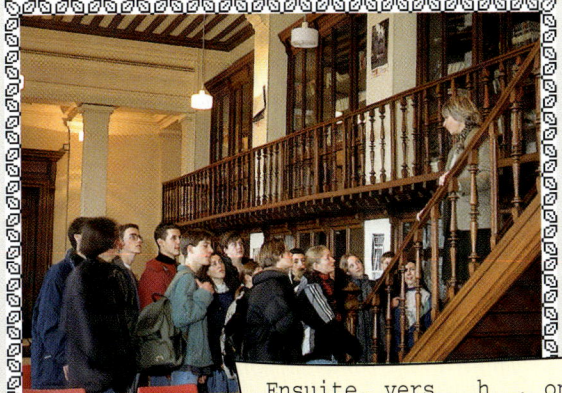

Ensuite, vers __h__, on a fait une visite guidée de l'hôtel de ville. C'était vraiment intéressant.

Je suis allée au musée Jeanne d'Arc avec ma classe. Trois professeurs sont venus avec nous.

On est parti à __h__.

Grammaire ▶▶ p.41

| je **suis** allée | on **?** arrivé | nous **?** restés |

sans dire – without saying

3 Jeu: «Ni oui, ni non.» Il faut répondre aux questions sans dire 'oui' ou 'non'!

a Ecoute l'exemple sur la cassette.

b A deux, préparez une liste de questions sur une visite scolaire.

c Jouez en groupe. Une personne répond aux questions des autres.

d Changez de rôle. Qui parle le plus longtemps sans dire 'oui' ou 'non'?

4 *A toi !* Ecris un article pour le magazine scolaire.

◆ Tu as fait la visite scolaire avec Delphine. Regarde ses textes pour t'aider. Si tu veux, invente d'autres détails.

♣ Décris une visite, réelle ou inventée.

Stratégies

• Fais un brouillon de ton article.
• Vérifie l'article. Corrige les erreurs. Les verbes sont corrects, par exemple?
  j'**ai** visité   je **suis** allée
• Ecris la version finale.

Idée!

Ecris ton article sur l'ordinateur. C'est plus facile à changer!

H Grammaire

Mon, ma, mes, etc.

	masculin	*féminin*	*pluriel*
my	**mon** frère	**ma** sœur	**mes** cousins
your	**ton** grand-père	**ta** grand-mère	**tes** grands-parents
his/her/its	**son** père	**sa** mère	**ses** parents

Attention:
- son (etc.) = '*his*', '*her*' ou '*its*'.
  Exemple: **son** jouet = **his** *toy*, **her** *toy* ou **its** *toy*
- Pour un nom féminin qui commence en a, e, i, o, u → mon/ton/son
  Exemple: '**ma** copine' mais '**mon** amie'.

1 Voici la chambre de Delphine. Regarde:

la lampe, les baskets, le lit, la table, les posters, l'ordinateur, la radio, le jogging, le T-shirt, les plantes.

Ecris tes opinions.

Exemples:

J'aime **sa** lampe. C'est marrant! Je n'aime pas **ses** baskets. Ils sont horribles!

	masculin	*féminin*	*pluriel*
our	**notre** père	**notre** mère	**nos** parents
your	**votre** jardin	**votre** maison	**vos** animaux
their	**leur** salon	**leur** cuisine	**leurs** chambres

2 Recopie et choisis le bon mot.
1 La samedi, (notre/votre) père joue aux cartes avec nous.
2 Le dimanche, mes cousins viennent chez moi avec (votre/leur) chien.
3 En janvier, les Français envoient des cartes à (vos/leurs) amis.
4 Est-ce que vous offrez des cadeaux de Noël à (nos/vos) cousins?
5 Est-ce que vous avez des feux d'artifice dans (notre/votre) ville?
6 Le 31 décembre, nous invitons (leurs/nos) cousins.

Le passé composé avec être

- Quelques verbes: **être** + participe passé
- Participe passé +**e** (féminin) ou +**s** (pluriel)

je **suis** allé / allé**e**	nous **sommes** allés / / allé**es**
tu **es** allé / allé**e**	vous **êtes** allé / allé**e**
il **est** allé	allés / / allé**es**
elle **est** allé**e**	ils **sont** allés
on **est** allé	elles **sont** allé**es**

Verbes avec **être** au passé composé:

aller – *to go*	venir – *to come* (je suis venu)
partir – *to leave*	arriver – *to arrive*
sortir – *to go out*	entrer – *to go in*
rester – *to stay*	rentrer – *to go home*

Pour la formation du participe passé, voir p.32

3 **a** Réponds à ces questions.

Exemple: **1** Je suis allé (allée) à Rouen.

1. Tu es allé(e) où, samedi?
2. Tu es parti(e) à quelle heure?
3. Tu es arrivé(e) à Rouen à quelle heure?
4. Tu es rentré(e) à quelle heure?
5. Tu es sorti(e) dimanche, ou tu es resté(e) à la maison?
6. Qui est venu?
7. Il est venu à quelle heure, ton ami?
8. Il est parti à quelle heure?

1	2	3	4	5

6	7	8

b Maintenant, écris des phrases sur ton/ta partenaire.

Exemple: **1** Il est allé à Rouen.

ou **1** Elle est allée à Rouen.

Expressions utiles

je me suis bien amusé(e)
– I had a good time
on s'est bien amusé
– we had a good time

☐ Des fêtes différentes

Comme devoirs, Delphine a préparé un dossier sur les fêtes.

Le carnaval de Rio

A Rio de Janeiro, au Brésil, Mardi gras est un grand jour de fête. Il y a de la musique, de la danse, bref, une ambiance de carnaval!

Tout le monde défile dans les rues. Le déguisement est presque obligatoire: on voit des princesses, des pirates, des sorcières... Leurs costumes et leurs masques sont colorés et exotiques.

Ici, en France, on mange des crêpes à Mardi gras et, parfois, les enfants se déguisent.

La fête nationale

Notre fête nationale, c'est le 14 juillet. Pendant la journée, il y a un défilé militaire. Le soir, c'est la fête: il y a un feu d'artifice et nous chantons et dansons dans les rues.

Les Canadiens ont leur fête nationale le 1er juillet. Ils mangent des plats spéciaux et font des jeux en famille. Parfois, ils envoient des cartes à leurs amis. Il n'y a pas de fête nationale en Grande-Bretagne!

Le Nouvel An chinois

Le Nouvel An chinois se fête au mois de janvier ou de février. Les chinois décorent leur maison et offrent des cadeaux à leur famille. Des beignets spéciaux contiennent un horoscope pour le nouvel an.

On se déguise, et on danse avec de grands 'dragons' dans les rues. Le soir, il y a de beaux feux d'artifice.

Nous autres Français fêtons le Nouvel An le 31 décembre. Nous invitons nos amis, et faisons un repas spécial.

La fête des cuisinières, Guadeloupe

En Guadeloupe, aux Antilles, la fête des cuisinières au mois d'août est très importante.

On décore l'église et la maison. Les femmes préparent des plats spéciaux créoles, qu'elles amènent à l'église pour être bénis. Après la messe, les cuisinières défilent en procession à travers les rues. Tout le monde porte leurs plus beaux vêtements, de couleurs vives.

A midi, on fait un grand repas, suivi le soir par le bal des cuisinières.

1 **a** Lis le dossier de Delphine.

b Lis la liste d'activités typiques. Trouve un exemple pour chaque activité dans le dossier. Emploie un dictionnaire pour t'aider.

Exemple: Il y a un feu d'artifice pour la fête nationale française.

a Il y a un feu d'artifice.
b Il y a un défilé.
c On fait des jeux.
d On fait une soirée.
e On se déguise.
f On fait un repas spécial.
g On décore la maison.
h On envoie des cartes.
i On offre des cadeaux à sa famille.
j On chante.
k On danse.

> ◆ **Expressions utiles**
>
> en France
> la fête des cuisinières
> en Guadeloupe
> le Nouvel An chinois
> la fête nationale canadienne
>   française

Stratégies

- Certains mots ressemblent à des mots anglais.
  Peux-tu deviner le sens de ces mots, sans dictionnaire?
  Exemples: costumes, masques, décorer, se déguiser

- Quand tu cherches dans le dictionnaire, choisis le sens correct pour le contexte.
  Exemples:

  géographie   militaire   adjectif

  défilé *nm (géog)* narrow gorge; *(mil)*   **plat, e 1** *adj* flat; level; smooth;
  parade, march past; (procession)   *(fig)* dull, lifeless **2** *nm (cuis)*
                                                          dish

  sens correct ici   nom masculin   cuisine

                                                Quel est le sens correct ici?

---

2 Jouez à deux.

A choisit une fête de la page 42, et donne une liste d'activités.
B ne regarde pas le dossier de Delphine et essaie d'identifier la fête.

3 Ecoute la cassette. Delphine est chrétienne.
Elle fait des interviews sur des fêtes importantes pour les juifs,
les musulmans et les chrétiens.

◆ Pour chaque fête, écris les lettres des activités qui correspondent (voir l'exercice 1).
♣ ◆ + Note d'autres détails aussi.

1 Mme Goldblum, qui est juive, parle de la Pessah.
2 M. Kureishi, qui est musulman, parle de l'Id-al Fitr.
3 M. Forestier, qui est chrétien, parle de Pâques.

J Un exposé sur une fête

Tu vas faire un exposé sur une fête.
A toi de décider. Tu peux:
- parler d'une fête chez toi

ou
- faire des recherches et parler d'une fête d'une autre culture.

1 Ecris des notes.

a Regarde la liste d'activités de la page 43. Note les phrases utiles pour ton exposé.

b Tu peux aussi regarder les textes de Delphine, pour t'aider.

c Tu as besoin d'autres mots?

Stratégie

- Demande à ton/ta prof.
  «Pardon, Monsieur/Madame. Comment dit-on 'mosque' et 'synagogue'?»
  «On dit 'une mosquée' et 'une synagogue'. Et 'a temple', c'est un temple.»

ou

Stratégie

- Trouve le bon mot dans le dictionnaire.
  Par exemple, c'est un **nom** ou un **verbe**?
- Choisis le sens correct pour le contexte.
  Exemple: to visit a **person** *ou* a **place**?
- N'oublie pas la grammaire!
  rendre visite à quelqu'un
  → **je rends** visite à **mes** grands-parents

nom: '**a** visit'

visit 1 *n* visite *f*; (*stay*) séjour
2 *vt* (*person*) rendre visite à;
(*place*) visiter

verbe: '**to** visit'

2 *A toi!*

a Ecris ton exposé.

b Vérifie l'exposé, et demande à ton/ta prof de le vérifier.

c Corrige tes erreurs.

3 *A toi!*

a Répète ton exposé.

b Finalement, fais ton exposé devant la classe ou devant ton groupe.
  ◆ Lis ton texte de l'exercice 2.
  ♣ Fais l'exposé à partir de notes (des mots et expressions clés).

Ensuite, réponds aux questions de tes camarades de classe.

Idée!
Si possible, trouve des photos ou des objets pour illustrer ton exposé.

répéter – to practise

Les crêpes, c'est la fête!

Un dîner de crêpes, c'est bon, c'est chaud, c'est rigolo!

☼ Le matériel

un bol *une poêle* *une louche* *une cuillère en bois*

☼ Les ingrédients

pour 12 crêpes

125 g de farine
1 œuf
une cuillère à soupe d'huile
une cuillère à café de sel
une cuillère à café de sucre
250 ml de lait

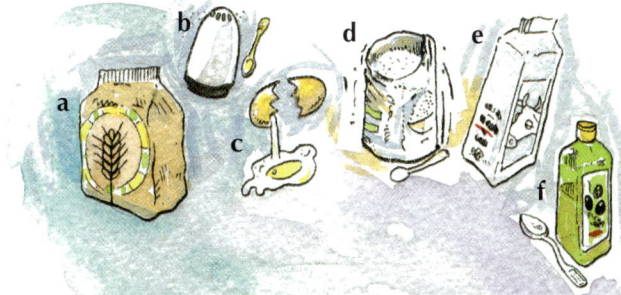

☼ La méthode

Versez la farine dans le bol.

Cassez l'oeuf au centre.

Ajoutez le sel, le sucre et l'huile.

Commencez à tourner avec une cuillère en bois.

Petit à petit, ajoutez le lait et continuez à tourner.

Laissez reposer la pâte au moins une heure.

Chauffez la poêle, et ajoutez un peu d'huile.

Avec la louche, versez un peu de pâte dans la poêle.

Quand la crêpe boursoufle, retournez-la.

Crêpes salées

au jambon   au fromage

aux champignons   aux œufs ...

Crêpes sucrées

au chocolat   au citron

à la confiture   à l'ananas ...

---

4 Lis la recette des crêpes.

a Recopie les ingrédients. Note la lettre des images qui correspondent.

b Peux-tu deviner le sens des neuf verbes soulignés? Regarde dans le dictionnaire pour vérifier.

c Quelle sorte de crêpe préfères-tu?

d Fais des crêpes chez toi!

K Atelier

Ton groupe organise une fête pour la fin du trimestre

1 Lis ces suggestions.
- ◆ Fais une liste des trois suggestions que tu préfères.
- ♣ ◆ + Pense à trois autres activités.

> On pourrait...
> 1 faire un grand repas
> 2

Pour la fête, on pourrait inviter des amis et faire une soirée. On pourrait danser, manger des pizzas. Ce serait vraiment super!

Moi, j'aimerais sortir le soir. Par exemple, on pourrait aller en discothèque. Danser, ce serait génial.

On pourrait faire un grand repas pour la fête. Tout le monde pourrait préparer quelque chose: des lasagnes, des crêpes, des desserts, etc.

Moi, je pense qu'on pourrait faire un barbecue chez moi. On a un assez grand jardin. Et après, on pourrait faire un feu d'artifice

Moi, j'ai une bonne idée pour la fête. On pourrait avoir un bal masqué. Tout le monde pourrait se déguiser — on pourrait donner un thème, par exemple 'le cirque' ou les 'punks'. Ce serait marrant, Non?

On pourrait aller à la piscine. On pourrait même inviter la prof d'anglais.

2 Prépare-toi à discuter des suggestions!
Delphine et ses amies organisent une fête. Ecoute la conversation.
- ◆ Qu'est-ce qu'ils décident de faire?
- ♣ ◆ + Quelles sont les autres suggestions?

3 En groupe, prenez une décision: qu'est-ce que vous allez faire?

Expressions utiles

On pourrait...
Non, c'est ennuyeux/bête.
Je n'aime pas ça.
Oui, d'accord!
Bonne idée!

4 **Prépare-toi à discuter des détails!**

Lis ces invitations et publicités.

Pose des questions à ton/ta partenaire, puis changez de rôle.

Exemples: – La soirée de Marc **va commencer** à quelle heure?
– Le film **va finir** à quelle heure?
– Pour l'excursion à Reims, on **va partir** à quelle heure?
– On **va rentrer** à quelle heure?
– Ça **va coûter** combien?

On fait la fête!
dimanche 15 mai
17h30 – 21h30
Grand barbecue au parc
Jean Monnet avec
feux d'artifice
Apportez un steak et une boisson.
Entrée: 25F

Invitation à une soirée!

Chez: Marc

Le 30 avril

à 19h30

CINÉMA ODÉON

BATMAN

film américain, version française:
120 minutes.

Commence 20h00.
Adultes 55F
Enfants / réductions 30F

Excursion à Reims

On fait une excursion en car à Reims, le samedi 21 avril. Visite de la ville et de la célèbre cathédrale.
Rendez-vous devant l'hôtel de ville: 08h15
Départ: 08h30
Arrivée (hôtel de ville): 22h30
250F par personne

5 En groupe, décidez des **détails** de votre fête:
Ça va commencer et finir à quelle heure? *ou*
Vous allez partir/arriver/rentrer à quelle heure?

6 En groupe, écrivez ou dessinez vos posters ou invitations.

L Révision

Parler de toi et de ta famille

1 Lis la description. Peux-tu identifier Bruno et Franck sur l'image?

> Je m'appelle Bruno, et j'ai
> 15 ans. J'habite avec mon
> père, ma belle-mère, mes
> deux sœurs, qui s'appellent
> Sophie et Agnès, et mon
> demi-frère. Il a 14 ans, et
> mes deux sœurs ont 18 ans
> et 16 ans.
> J'ai les cheveux assez longs
> et bruns, et les yeux marron.
> Je porte des lunettes pour
> regarder la télé. Mon
> demi-frère, Franck, est
> vraiment sympa et très
> drôle. Je m'entends très
> bien avec lui. Il a les
> cheveux noirs et courts.

2 Recopie les mots-clés par catégorie:

- cheveux
- yeux
- caractère 😊
- caractère ☹

Si nécessaire, vérifie dans le dictionnaire.

> bleus   marrant   paresseux(euse)
> marrant(e)   noirs   bruns   courts
> verts   menteur(euse)   dingue   gris
> cool   drôle   sympa   travailleur(euse)
> roux   embêtant(e)   longs   marron
> timide   sportif(ive)   gentil(le)

3 Ecoute la cassette. Bruno décrit ses sœurs.

◆ Peux-tu identifier Sophie et Agnès sur l'image de l'exercice 1?

♣ ◆ + Note son attitude envers chaque sœur: 😊 ou ☹.

4 Jouez à deux. **A** décrit quelqu'un dans la classe. **B** doit identifier la personne.

5 Travaillez en groupe.

a Chaque personne fait sa description, mais **n'écrit pas** son nom.

◆ J'ai___ ans. J'ai les cheveux _____...
  J'ai une sœur. Elle s'appelle ___. etc.

♣ ... J'ai les cheveux **très** longs et **assez** blonds....
  J'ai une sœur **qui** s'appelle ___. etc.

b Affichez les descriptions au mur de la salle de classe.

c Lisez les descriptions. Pouvez-vous identifier chaque personne?

Une journée typique

6 Lis ces descriptions d'un samedi typique.

a Pour la description **B**, écris les lettres des phrases dans le bon ordre.

b Quelle description correspond avec quelle personne, à ton avis?

A

Le samedi matin, je me réveille à huit heures et je me lève tout de suite. Je fais du jogging. Je rentre à neuf heures, je me lave, puis je prends mon petit déjeuner. Normalement, je vais au centre commercial le matin puis, l'après-midi, je fais du sport. Le soir, je me détends devant la télé. Je me couche à dix heures du soir.

B

a Je me lève à onze heures moins le quart.

b Je me couche à onze heures.

c Le matin, je regarde les dessins animés à la télé.

d Je ne me lave pas.

e Le soir, je regarde une vidéo.

f Je me réveille à dix heures du matin.

g L'après-midi, je regarde un match de foot.

h Je prends mon petit déjeuner au lit.

Michel   Alain

7 Tu es actif (active) ou non? Ecris la description d'une journée typique, le week-end.

8 Jouez en groupes.

- Chaque personne écrit une phrase sur une feuille de papier:
  Je m'appelle …
- Elle replie le papier et le passe à la personne à gauche.
- Répétez le processus, avec les cinq autres phrases (voir l'exemple).
- A la fin, ouvrez les papiers, et lisez les amusantes descriptions!

Exemple:

Je m'appelle Tracy.

Je me réveille à sept heures.

Je me lève à onze heures.

Le matin, je joue au tennis avec Steffi Graf.

L'après-midi, je vais à Paris.

Le soir, j'écoute des CD avec Sandra.

Je me couche à deux heures du matin.

La ville et la campagne

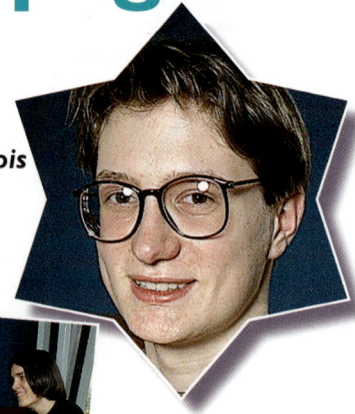

Alexandre Bois

A Ma ville, c'est nul!

Désastre!
Ma cousine, Caroline, vient passer une semaine chez nous.

Désastre?!
Pourquoi?

Parce que Rouen, c'est nul! C'est vraiment ennuyeux! Il n'y a rien à faire.

Ce n'est pas vrai du tout!

Moi, je vais souvent au bowling, parfois à la patinoire... Tu pourrais demander des brochures à l'Office du Tourisme.

1 Lis et écoute la conversation. C'est vrai ou faux?

> souvent = régulièrement
> parfois = quelquefois

1. La cousine d'Alexandre habite à Rouen.
2. Alexandre adore habiter à Rouen.
3. Olivier pense qu'il y a beaucoup de choses à faire à Rouen.

2 a Ecoute la cassette (1-5). Les jeunes vont à quels endroits? Note les lettres.

Exemple: **1 c**, ...

a au bowling

b à la patinoire

c au centre sportif

d dans les magasins

e au club des jeunes

f au parc

g au cinéma

h à la piscine

b Pose des questions à trois ou quatre camarades. Quels endroits sont les plus populaires?

Exemple:

A Tu vas <u>souvent</u> au bowling?

B Je vais <u>parfois</u> au bowling. C'est amusant. Et toi?

A Moi, non. Je <u>ne</u> vais <u>pas</u> au bowling.

> **Grammaire** ▶▶ p.56 ▶▶ p.144
>
> je vais **à la** piscine
> je vais **?** centre commercial

Moi, je ne vais jamais en ville. Il n'y a rien à faire pour les jeunes.

Mais non, ce n'est pas ennuyeux en ville. Le samedi soir, ça bouge!

Je ne vais jamais au cinéma, parce que c'est trop cher. Et il n'y a personne de mon âge au club des jeunes...

Mais beaucoup de jeunes de notre âge vont à la patinoire! Et ce n'est pas trop loin – vingt minutes en bus.

3 **a** Lis et écoute la conversation.

b Trouve les contraires. Recopie les phrases par paires.

☹		☺	
1	Je ne vais jamais en ville.	**A**	Il y a beaucoup de choses pour les jeunes.
2	C'est trop cher.	**B**	Ça bouge!
3	Il n'y a rien pour les jeunes.	**C**	Ce n'est pas loin.
4	C'est ennuyeux!	**D**	Il y a beaucoup de jeunes.
5	Il n'y a personne de mon âge.	**E**	Je vais souvent en ville.
6	C'est trop loin.	**F**	Ce n'est pas cher.

4 Des jeunes parlent de leur ville (1-6).

◆ Note: où ils vont (✓)/où ils ne vont pas (✗).

♣ ◆ + Donne les raisons.

Exemple: **1** parc ✓ cinéma ✗ (trop cher)

> **Grammaire** ▶▶ p.57 ▶▶ p.147
>
> je **ne** vais **jamais**...   il n'y a **rien**...
> il **n'**y a **personne**...

5 Joue avec un(e) partenaire. **A** dit une phrase. **B** dit le contraire.

◆ Emploie les phrases de l'exercice 3.

♣ ◆ + Invente des phrases similaires.

Exemple:

A Je ne vais jamais au stade. C'est trop cher.

Moi, je vais souvent au stade. Ce n'est pas trop cher. **B**

6 *A toi!* Ecris à ton/ta corres. français(e).

• Donne ton opinion sur ta ville (ou ton village/une ville près de chez toi).

• Dis où tu vas et où tu ne vas pas, et pourquoi.

Exemples: Ma ville est vraiment ennuyeuse/assez bien.

Je ne vais jamais au cinéma parce que c'est trop cher...

B Ça commence à quelle heure?

Vendredi

Bonjour, Caroline. Ça va? Tu as fait bon voyage?

Oui, merci.

Samedi, à l'Office du Tourisme

Qu'est-ce qu'il y a à faire, ce week-end?

Il y a un concert ce soir, avec le groupe Désert.

Oh, chouette!

A

Caroline: C'est où, le concert?
L'employée: Ça se passe au centre Philippe Laval.
Caroline: Ça commence à quelle heure?
L'employée: A vingt heures trente.
Caroline: Et ça finit à quelle heure?
L'employée: A vingt-deux heures.
Caroline: L'entrée, c'est combien?
L'employée: C'est cinquante francs.

B

Caroline: Le musée ouvre à quelle heure?
L'employée: Il ouvre à dix heures.
Caroline: Il ferme à quelle heure?
L'employée: Il ferme à dix-sept heures.
Caroline: Et l'entrée, c'est combien?
L'employée: C'est quarante francs.
Caroline: Vous avez une brochure?
L'employée: Oui, voilà.

1 Lis et écoute les conversations. C'est vrai ou faux?

1 Le concert commence à huit heures et demie du soir.
2 Il finit à onze heures du soir.
3 Les billets du concert coûtent 40F.
4 Le musée ferme à sept heures du soir.
5 Pour entrer au musée, ça coûte 4F.

2 a A deux, lisez les conversations **A** et **B**.
   b ◆ Adaptez les conversations aux illustrations.
   ♣ ◆ + Inventez d'autres conversations.
   Imaginez un(e) touriste français(e) dans votre ville.

le rap au parc
grand concert de rap dans le Parc Fauré
samedi 6 mai, de 14h30 à 18h
Billets 24F

Bowling des Angles
Ouvert tous les jours de 10h 17h
Entr e: 37F

Prisonnier de la mer
FILM D'AVENTURES
CINÉMA ODÉON
19H30 (120 MINUTES) 55F

Visitez Rouen!

Rouen, ville au riche passé, ville d'art et d'histoire, est aussi un port maritime et fluvial et un grand centre industriel.

- Visitez le centre historique de Rouen, avec sa belle cathédrale. *La cathédrale est ouverte tous les jours de 7h30 à 12h et de 14h à 19h.*

- Passez par la Tour Jeanne d'Arc, lieu où l'héroïne française, prisonnière, fut menacée de torture en présence de ses juges. *Ouvert de 10h à 12h et de 14h à 17h, sauf mardi. Entrée: 6F. Gratuit pour étudiants, élèves scolaires, handicapés.*

- Le musée Jeanne d'Arc. Retracez la vie de Sainte Jeanne: maquettes, fac-similés, bibliothèque, galerie de cire. *Sonorisation en quatre langues. Ouvert de 9h30 à 18h30, tous les jours du 1er mai au 15 septembre. Entrée: 20F – enfants et étudiants: 10F*

Gastronomie et spécialités

Il y a une grande variété de spécialités régionales. Parmi celles-ci: les fromages normands, la tarte aux pommes, le soufflé normand, sans oublier les chocolats et le cidre.

---

3 Lis la brochure touristique. Réponds aux questions.

1 La cathédrale ferme à quelle heure le soir?
2 Est-ce que la Tour Jeanne d'Arc est ouverte tous les jours?
3 La Tour ouvre à quelle heure?
4 L'entrée à la Tour, c'est combien pour les adultes?
5 Le musée Jeanne d'Arc ouvre et ferme à quelle heure?
6 L'entrée au musée, c'est combien pour Caroline?

4 Ton cousin va visiter Rouen. Il ne parle pas français.
Réponds à ses questions **en anglais**.

- ◆ 'What are the local speciality foods?'
- ♣ ◆ + 'What kind of city is Rouen?'
  'What is there to see in Rouen about Joan of Arc?'
  'What does the leaflet say about what happpened to Joan of Arc here?'

C Le concert, c'était génial!

Au concert

Deux billets, s'il vous plaît.

Voilà. Ça fait cent francs.

Où sont les toilettes, s'il vous plaît?

Au sous-sol.

Dépêche-toi, Caro! Ça commence!

Après le concert

C'était hyper-génial, non?!

Bof...

1 **a** Lis et écoute les conversations.

b Regarde le plan du centre Philippe Laval.
Ecoute la cassette.
On demande: «Où est/sont...?»
Les réponses sont correctes?
◆ Note ✓ ou ✗.
♣ ◆ + Ecris des réponses correctes.

le centre Philippe Laval

le café-bar

le kiosque des souvenirs

la grande salle

le bar

les toilettes | les vestiaires

au premier étage

au rez-de-chaussée

au sous-sol

2 **Jeu de mémoire!**

A regarde le plan, et pose une question à **B**. **B** répond, **de mémoire**.

Exemple:

A: **Où est** le bar, s'il te plaît?
B: Il est au rez-de-chaussée, à côté de la grande salle.
A: Correct. Un point.
B: Bon. A toi. **Où sont** les vestiaires? ...

Grammaire ▶▶ p.144

à côté **du** bar
près **?** toilettes

3 Lis cet article. Et toi, as-tu déjà fait ces choses?

Exemples:
Concert de rock – oui, deux fois
Concert de musique classique – non, jamais
Parc d'attraction – oui, souvent

- Au cours de leur vie, 73% des Français (15 ans et plus) n'ont jamais assisté à un concert de rock.
- 68% n'ont jamais assisté à un concert de musique classique.
- 60% ne sont jamais allés dans un parc d'attraction.
- 50% ne sont jamais allés au théâtre.
- 46% n'ont jamais assisté à un spectacle sportif payant.
- 39% ne sont jamais allés dans une discothèque.
- 19% n'ont jamais visité un musée.
- 13% ne sont jamais allés au cirque.
- 12% ne sont jamais allés au zoo.
- 9% ne sont jamais allés au cinéma.

Voici le journal de Caroline:

Vendredi 14 Je suis arrivée chez Alexandre à cinq heures. Tante Marianne a fait un repas spécial: des crêpes. C'était vraiment délicieux!

Samedi 15 J'ai fait du tourisme aujourd'hui! Tout d'abord, j'ai fait une visite guidée de la cathédrale, qui est vraiment impressionnante! Après ça, j'ai visité le centre-ville. C'était très intéressant. Je l'ai beaucoup aimé. Ce soir, nous sommes allés à un super concert. J'ai passé une très bonne journée!

Dimanche 16 Aujourd'hui, nous sommes restés à la maison. Des copains d'Alexandre qui habitent dans la même rue, sont venus l'après-midi. Olivier est marrant et Fatima est vraiment sympa. On a bavardé et écouté des CD. C'était génial.

Lundi 17 On n'a rien fait de spécial aujourd'hui. On a mangé au café à midi, puis on a regardé un assez bon film policier à la télé. Nous ne sommes pas sortis ce soir.

Mardi 18 Ce matin, je suis allée à la patinoire avec Alexandre, Olivier et Fatima, et c'était vraiment amusant! Cet après midi, je suis allée en ville toute seule, et j'ai fait les magasins. J'ai acheté des cartes postales et quelques cadeaux pour la famille.

4 ◆ Lis le journal et regarde les images.
Trouve les activités de Caroline, et note les lettres **dans le bon ordre**.
♣ ◆ + A ton avis, quelle journée Caroline a-t-elle aimée le plus? Et le moins? Pourquoi?

a
b
c
d
e

f
g
h
i
j

5 Imagine: tu passes cinq jours à Rouen. Ecris ton journal.

D Grammaire

au, à la, à l', aux

1 au, à la, à l', aux: 'at the' / 'to the'			
masculin	*féminin*	*a, e, i, o, u, h*	*pluriel*
à + le → au	**à + la → à la**	**à + l' → à l'**	**à + les → aux**
il y a un concert **au** parc	tu vas **à la** patinoire?	il travaille **à l'**hôpital	je peux aller **aux** toilettes?

1 ◆ Propose des activités à ton/ta correspondant(e).

Exemple: **a** Tu veux aller au parc?

la patinoire

le centre sportif

le bowling

le club des jeunes

le cinéma   le parc

les magasins

l'école   la piscine

2 ♣ Propose des activités à ton/ta correspondant(e). Emploie un dictionnaire.

theatre	zoo	castle	beach	island	disco

Exemple: Tu veux aller au théâtre?

theatre *n* théâtre *nm*   (*nm* = **masculin** → **au** théâtre)

2 au, à la, à l', aux: expressions
Exemple: s'intéresser **à** (*to be interested **in***)
Je m'intéresse à la gymnastique. (*I'm interested in gymnastics.*) Je ne m'intéresse pas au rugby. (*I'm not interested in rugby.*)

3 Tu t'intéresses à ces choses?

Exemples: **1** Je m'intéresse assez au football.
2 Je ne m'intéresse pas beaucoup à l'athlétisme.

1 le football
2 l'athlétisme
3 la musique
4 le cyclisme

5 les Jeux Olympiques
6 l'informatique
7 la nature
8 les animaux

ne... rien / personne / jamais

ne... rien (*nothing*)	**ne... personne** (*no-one*)	**ne... jamais** (*never*)
je **ne** fais **rien**	je **ne** connais **personne**	je **ne** joue **jamais** au foot
I do nothing/I don't do anything	*I know no-one/I don't know anyone*	*I never play football/I don't ever play football*

4 Lis cette interview.
Remplis les blancs avec **rien**, **personne** ou **jamais**.

Exemple: **1** jamais

– Tu vas en discothèque, le vendredi soir?
– Non, je ne vais 1)_____ en discothèque.
– Tu sors avec des amis?
– Non, je ne sors avec 2)_____.
– Alors, qu'est-ce que tu fais, le vendredi soir?
– Je ne fais 3)_____.
– Et le samedi? Tu vas souvent en ville?
– Non, je ne vais 4)_____ en ville.
– Tu vois ta famille?
– Non, je ne vois 5)_____.

ON RIGOLE!

Je ne me lave jamais les cheveux. Je préfère le look naturel.

?!

5 **a** Que dit Marie Misérable?

Exemple: Je ne vais jamais au cinéma, le vendredi.
Je n'écoute de la musique avec personne.

b Invente quatre autres phrases de Marie.

Je vais souvent au cinéma, le vendredi.
Parfois, j'écoute de la musique avec mes copines.
Le samedi, je vois ma famille.
Je vais dans les magasins avec ma mère.
Je vais souvent en discothèque.
Je fais beaucoup de choses, le dimanche.
Je vais souvent au club des jeunes.
Je connais beaucoup de jeunes au club.
Je vais parfois à la patinoire.
Je bavarde avec mes copines au téléphone.

Julie Joyeuse   *Marie Misérable*

E Le profil d'une ville

Comme devoirs, Caroline doit préparer le profil d'une ville.
Elle a choisi Rouen.

Rouen

Rouen est une grande ville, qui se trouve dans
le nord-ouest de la France, sur la Seine en
Normandie. C'est une ville industrielle, mais
pas trop polluée, et historique et touristique aussi.

Dans le vieux quartier au centre-ville,
il y a des rues piétonnes qui sont très pittoresques : elles sont jolies et propres. Dans
la zone piétonne se trouvent beaucoup de boutiques et des restaurants très agréables.

Rouen a un grand nombre de vieilles églises, et
une très belle cathédrale, qui date du douzième
siècle. La ville possède aussi plusieurs musées.

La place du Vieux Marché, n'est pas
vieille du tout! Elle est très moderne!

Il y a de jolis jardins publics. Au sud de la
rivière se trouve un petit jardin botanique,
avec des plantes européennes et tropicales.

Comme d'autres grandes villes, Rouen
a une zone industrielle, qui est assez
sale et moche. Mais le grand port
n'est pas désagréable. En fait, il est
impressionnant. En plus, il y a un
port de plaisance, d'où on peut faire
des promenades en vedette sur la Seine.

Près de Rouen, on peut visiter de beaux châteaux, par
exemple le château de Martainville. Pour les touristes,
il y a plusieurs hôtels, une auberge de jeunesse, et quatre
terrains de camping, qui sont situés près de Rouen.

1 a Lis le profil de Rouen.
Tu ne comprends pas tous les mots?

- Quels mots ressemblent à des mots anglais?
- Regarde les photos. Tu peux deviner quels mots?
- Quels mots vas-tu chercher dans le dictionnaire?

b Pour t'aider à apprendre les mots, fais deux listes:

1 lieux et monuments (un port, une église, etc.)
2 adjectifs (joli, pittoresque, etc.)

Stratégie

belle *adj* (voir) beau →→ cherche **beau**

beau (*before vowel* **bel**) *m*, **belle** *f*, **beaux** *mpl adj* lovely, beautiful

Grammaire ▶▶ p.64-5 ▶▶ p.145

| un grand port | une **?** ville |
| le vieux quartier | la **?** église |

2 Ecoute la cassette. On parle de Rouen.
Note des informations (adjectifs) pour chaque endroit.

Exemple: **1** belle, vieille, ...

1 la rue Damiette
2 l'hôtel de ville
3 le jardin de l'hôtel de ville
4 l'église Sainte-Jeanne-d'Arc
5 le centre commercial
6. le musée de l'Automobile, à Clères

3 *A toi !* Tu prépares un profil de ta ville (ou une ville près de chez toi) pour aider ton/ta corres. avec ses devoirs d'histoire-géo.

a Travaille avec un(e) partenaire.
Prenez des notes sur les **lieux** et **monuments** et leurs **descriptions**.

Exemple:

A Bon, qu'est-ce qu'il y a à Whitby?

B Il y a un port. Il est assez pittoresque.

A Oui. Comment dit-on 'beach'?

B Je ne sais pas. Regarde dans le dictionnaire.

A Il y a une très belle plage...

Pour vous aider, regardez vos listes de l'exercice 1b.

b Ecris ta description.

Stratégies

- Dans une description **écrite**, on écrit des phrases plus longues.
  Exemples:
  Il y a un port. Il est assez pittoresque.
  → Il y a un port **qui** est assez pittoresque.
- ♣ Utilise des expressions du profil de Caroline.
  Exemples:
  en plus, plusieurs, comme d'autres grandes villes

F   C'est bien, le centre-ville?

Alexandre aide Caroline avec ses recherches sur Rouen.

1

Le centre-ville de Rouen, c'est bien. Il y a un grand marché.

2

Nous avons toutes les grandes banques.

3

Et il y a plusieurs postes.

4

On peut toujours trouver une pharmacie...

5

Il y a beaucoup de tabacs aussi.

Oui, c'est vrai.

6

On va acheter des gâteaux à la boulangerie-pâtisserie?

Bonne idée!

7

Il y a une charcuterie, mais il n'y a pas de boucherie.

8

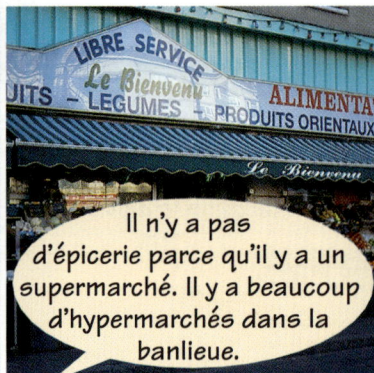

Il n'y a pas d'épicerie parce qu'il y a un supermarché. Il y a beaucoup d'hypermarchés dans la banlieue.

9

Il y a même un grand hôpital près du centre-ville.

1 Lis et écoute la conversation.

a C'est comme ça chez vous?

Exemples:
Photo **1**: Non, il y a un petit marché chez nous./ Non, il n'y a pas de marché chez nous.

b C'est masculin ou féminin? Vérifie dans un dictionnaire.

Stratégie

épicerie   *nf* (green)grocer's shop

nf = féminin; *nm* = masculin

2 Alexandre et Caroline ont interviewé **six** habitants de Rouen:

Mme Arnaud, qui est secrétaire en ville;
Mme Lévy, qui a 79 ans;
Le docteur Beauvoir;

M. Duhamel, qui a deux fils;
Samuel, qui a 12 ans;
Violaine, qui a 18 ans.

Lis ces **cinq** interviews. Peux-tu identifier les cinq personnes?

Que pensez-vous de Rouen?

Le centre-ville, c'est bien, à votre avis?

1 On y trouve tous les magasins nécessaires, ce qui est idéal pour les personnes âgées. Nous ne pouvons pas aller à l'hypermarché, si nous n'avons pas de voiture. Et puis on a un service plus personnel dans les petits commerces.

2 Je pense qu'on est bien à Rouen. Nous avons un très bon hôpital, donc les patients ne doivent pas voyager très loin. En plus, il y a beaucoup d'excellentes pharmacies au centre-ville et en banlieue.

3 Pour moi, c'est très pratique, parce que je travaille au centre-ville. Je dois souvent déposer de l'argent à la banque ou faire des commissions à la poste, et elles ne sont pas loin de notre bureau.

4 Ça dépend. Je préfère acheter des fruits et légumes au marché. Mais avec mes enfants, c'est le chaos! Il est beaucoup plus facile d'aller à l'hypermarché. Je viens quand même au centre-ville pour aller à la banque.

5 Ce n'est pas mal, mais il n'y a pas assez de choses pour les jeunes. Il n'y a pas de bonnes discothèques, à mon avis. Il n'y en a que deux, qui sont beaucoup trop chères. En plus, les magasins sont trop touristiques.

Grammaire ▶▶ p.147

il n'y a pas **de**

3 Ecoute les six publicités à la radio. Pour chaque publicité:
◆ Note l'endroit.
♣ ◆ + Note une raison donnée pour vous persuader d'y aller.

4 *A toi!* En groupe, discutez de votre ville/village. C'est bien? Qu'est-ce qu'il y a?
Exemple:

A Le centre-ville, c'est bien. Il y a une poste et beaucoup de banques.

B Oui, mais il n'y a pas d'épicerie au centre-ville. Il faut aller au supermarché.

Idée! Choisis une identité différente!
Exemples: • un vieil homme/une vieille femme
• un père/une mère de famille

G Fais les magasins... chez toi!

LE MINITEL

Depuis longtemps avant Internet, il existe en France un réseau énorme de services télématiques. On y a accès avec un ordinateur spécial, qui s'appelle le **Minitel**.

Il y a plus de 15 000 services différents! Le prix dépend du service, et certains sont gratuits.

Tous les services ont un code spécial. Par exemple: le code **3615 FOOT** est le code du service de la Fédération Française de Football. Ce service donne des informations sur le foot, par exemple où on peut jouer au foot, comment s'inscrire aux clubs, des informations sur les équipes de foot, et même les derniers résultats!

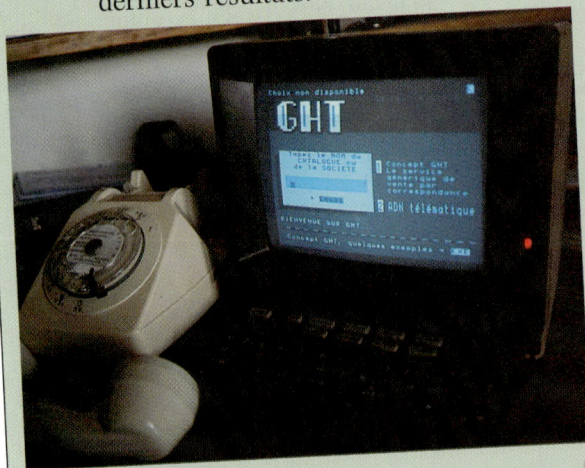

Quelques services d'achats

Avec les services des magasins, on peut avoir des informations, comparer les prix, et même acheter des produits.

Voici quelques services:

Service 3615 GHT Tu détestes aller au supermarché? Tu commandes tes provisions par Minitel, et le supermarché livre les provisions chez toi!

Service 3615 ALIR Un autre service de livraison: tu commandes des livres, et ils arrivent chez toi dans les 48 heures.

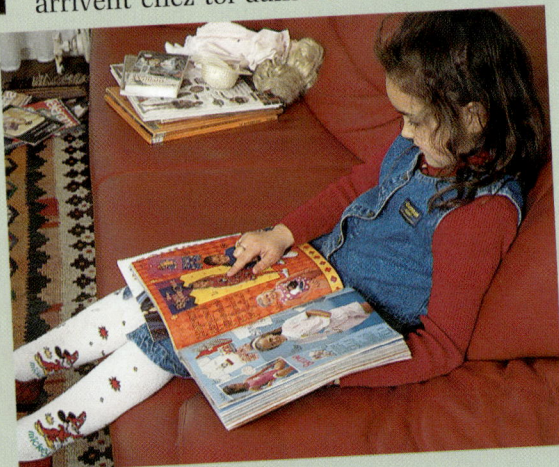

Service 3615 DISC Tu tapes ce code pour commander des disques, CD, cassettes et vidéodisques.

On peut aussi acheter des vêtements par Minitel, par exemple, **3614 REDOUTE**, pour le catalogue 'La Redoute'.

D'autres services Minitel

Il y a des services de toutes sortes:

• sur les loisirs, par exemple
3615 KINO, pour avoir des renseignements sur les cinémas et théâtres
3615 DISNEYLAND, avec tous les renseignements sur les attractions, les hôtels, les cafés dans le parc à thèmes.

• sur les transports, par exemple
3615 SNCF, pour les renseignements sur les trains, et pour acheter des billets et réserver des places.

• sur le tourisme. Certaines grande villes ont un service où on peut avoir une liste d'hôtels et de restaurants, et des informations touristiques sur la ville ou la région, par exemple **3615 NANTES**.

1 Lis l'article sur le Minitel. Lis les phrases 1-6.

◆ Note: 'vrai' ou 'faux'.

♣ ◆ + Corrige les phrases fausses.

1 Le Minitel est un ordinateur.
2 Il n'y a pas beaucoup de services Minitel.
3 Avec le Minitel, on peut faire des achats sans quitter la maison.
4 Tous les services coûtent très cher.
5 On peut utiliser le Minitel pour avoir des informations touristiques.
6 On peut regarder des films sur Minitel.

2 Cinq personnes ont besoin d'informations. Quel service recommandes-tu?

1 «Je veux savoir à quelle heure commence le film à l'Odéon.»
2 «J'aimerais savoir à quelle heure arrive le train de Bordeaux.»
3 «Je voudrais savoir le score d'un match de foot.»
4 «J'aimerais passer mes vacances à Nantes.»
5 «Je veux acheter le dernier CD de Khaled, mais je n'ai pas le temps d'aller en ville.»
6 «J'aimerais faire mes achats au supermarché, mais je n'ai pas de voiture.»

3 ◆ Explique le Minitel **en anglais**, pour un ami qui ne comprend pas le français.

♣ Tu as un correspondant en Turquie, qui ne parle pas anglais. Vous vous écrivez par courrier électronique **en français**! Ecris-lui un message.

• Ecris une simple description du Minitel.
• Dis ce que tu penses du Minitel et pourquoi.

ce que – what

H Grammaire

Les adjectifs

• au féminin + **e** au pluriel + **s**			
masculin (singulier)	*féminin (singulier)*	*masculin (pluriel)*	*féminin (pluriel)*
un T-shirt vert	une robe vert**e**	des T-shirts vert**s**	des robes vert**es**

Exceptions:
- Adjectifs qui finissent en **-e** au masculin, par exemple:
  un T-shirt roug**e**   une robe roug**e**   des T-shirts roug**es**   des robes roug**es**
- blanc (masculin) → blan**che** (féminin)

1 Tu aimes les vêtements d'Alexandre? (Ou sont-ils moches?!)

Exemples: – Je n'aime pas ses chaussures rouges et noires. Elles sont moches!
  – J'aime...

les chaussures (f)
la casquette
les chaussettes (f)
les chaussures (f)
la chemise
les baskets (m)
la chemise
la casquette
le jogging

rouge noir rose bleu **jaune**
orange **blanc** gris vert marron

Attention!
'marron' ne change pas!

• Exceptions:				
	masculin (sing)	*féminin (sing)*	*masculin (pl)*	*féminin (pl)*
boring	ennuyeux	ennuyeuse	ennuyeux	ennuyeuses
aussi: paresseux/euse (*lazy*); travailleur/euse (*hard-working*)				
kind, nice	gentil	gentille	gentils	gentilles
aussi: industriel(le) (*industrial*); cadet(te) (*younger*)				
old	vieux *	vieille	vieux	vieilles
beautiful, handsome	beau *	belle	beaux	belles
new	nouveau *	nouvelle	nouveaux	nouvelles
* Avant les mots masculins singuliers qui commencent en a, e, i, o, u ou h: un **vieil** homme un **bel** homme un **nouvel** hôtel				

2 ◆ Regarde l'image et écris la description de la ville.

1 L'hôtel de ville est beau/belle.
2 La cathédrale est vieux/vieille.
3 La piscine est nouveau/nouvelle.
4 Les rues sont jolis/jolies.

5 Il y a une zone piéton/piétonne.
6 Les boutiques sont touristique/touristiques.
7 La ville est industriel/industrielle.
8 C'est une ville historique/historiques.

3 ♣ Recopie cette description de la famille et des amis de Caroline. Change les adjectifs, si nécessaire.

J'ai un frère (cadet) et une sœur (cadet). Mon frère est assez (paresseux), mais ma sœur est (travailleur). J'ai deux (nouveau) copines, Anne et Claire. Elles sont (sportif). J'ai beaucoup de (vieux) copines. Elles sont toutes très (gentil).

- Normalement, les adjectifs viennent **après** les noms.
  une ville industrielle   un ami sympa   un jardin public (etc.)

- Certains adjectifs viennent **avant** les noms.

  grand (*big, tall*)   petit (*small*)   gros (*big, fat*)
  nouveau (*new*)   vieux (*old*)   long (*long*)   court (*short*)
  joli (*pretty*)   beau (*beautiful, handsome*)
  bon (*good, right*)   mauvais (*bad, wrong*)

  une grande ville   un petit village (etc.)

4 ◆ Recopie la description de Rouen avec les bons adjectifs.

Rouen est une _____ ville: elle a 100 000 habitants.
Au centre-ville, il y a une _____ cathédrale.
C'est une ville _____: il y a beaucoup de choses à faire.
Il y a des rues piétonnes très _____, et un _____ parc.
C'est aussi une ville _____: il y a un _____ port.

| propres | industrielle | intéressante | grand | grande | belle | joli |

♣ Ecris la description d'une ville que tu connais. Emploie dix adjectifs, ou plus.

I Et la campagne?

Oui, c'est vrai. Rouen, c'est pas mal... Mais toi, Caro, tu habites à la campagne. C'est vraiment très ennuyeux?

Mais non! Pas du tout! Il y a beaucoup de choses à faire!

au printemps, on peut...

faire du vélo tout terrain

faire des randonnées à cheval

faire des pique-niques

en été, on peut aller au lac et...

faire de la natation

faire des barbecues

faire de la voile

ou faire du canoë-kayak sur la rivière

en automne, on peut...

aller à la pêche

faire des randonnées (le paysage est vraiment pittoresque)

et en hiver, on peut...

faire du ski alpin et du ski de fond

faire un bonhomme de neige et faire une bataille de boules de neige

Parfois, on peut même faire du patin à glace sur le lac!

1 a Lis et écoute la conversation.

b ◆ Discutez à deux: on peut faire ces activités **chez vous**? **Quand**?

♣ ◆ + **Où**? + Donne ton opinion des activités.

Exemple:

A On ne peut pas faire de canoë-kayak ici.

B Non, c'est vrai.

A On peut faire de la natation ici en été, (♣) dans le lac.

B Oui, et en hiver, aussi, (♣) à la piscine. J'adore ça.

2 La discussion entre Alexandre et Caroline continue. Ecoute la cassette.

   a   Ils sont d'accord? ✓ ou ✗

   b   Réécoute la cassette. Note les activités mentionnées.

   c   Réécoute la cassette. On peut faire chaque activité en ville (note 'V'), à la campagne ('C'), ou les deux ('2')?

3 Lis les réactions (1-5). On parle de quel poster?

Exemple: **1** = postér ?

A

C'est mieux à la campagne

La ville, c'est sale et bruyant!

B

J♥ la ville. Ça bouge!

La campagne, c'est ennuyeux...

C

C'est plus calme à la campagne!

1   <u>Je ne suis pas d'accord</u>. Notre ville est très propre.

2   <u>A mon avis</u>, ce n'est pas vrai. C'est assez bruyant à la campagne.

3   <u>Ce n'est pas vrai!</u> A mon avis, c'est ennuyeux en ville!

4   Je ne suis pas d'accord. On peut faire beaucoup de choses à la campagne.

5   <u>Je suis d'accord.</u> Il n'y a rien à faire à la campagne. <u>C'est vrai.</u>

4 Recopie des expressions <u>soulignées</u> dans l'exercice 3 pour ces trois catégories:
a) *giving your opinion*   b) *agreeing*   c) *disagreeing*.

5 **A toi!**   En groupe, vous allez faire un débat:
La ville contre la campagne.

   a   Décidez: qui va parler pour la ville?
      Et pour la campagne?

   b   Prépare tes arguments. Fais des notes.

      ◆ Recopie/adapte des expressions de l'exercice 3.
      ♣ Réécoute la discussion de l'exercice 2, et relis
        l'exercice 3.
        N'oublie pas les expressions-clés de l'exercice 4!

   c   Mémorise tes arguments.

   d   En groupe, commencez le débat!
      A la fin, votez: pour la ville ou la campagne!

Oui, c'est vrai, Caro. La campagne, c'est bien!

Alors, je t'invite pour un week-end!

Super!

J Le temps et les saisons

La pierre météorologique magique!

offre spéciale seulement 99F

Cette pierre **sensationnelle** donne des informations météorologiques.

La pierre est chaude?
Il fait chaud. Il fait du soleil.

La pierre est froide?
Il fait froid.

La pierre est mouillée?
Il pleut.

La pierre est couverte de neige? Il neige.

La pierre est couverte de feuilles? Il fait du vent.

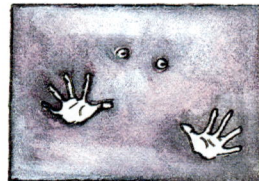

Vous ne voyez pas la pierre? Il fait du brouillard.

Aussi, à moitié prix
– la pomme de pin baromètre

100F 50F

La pomme de pin est ouverte – il fait beau et sec.

La pomme de pin est refermée – il fait mauvais. Il pleut.

1 a Lis la publicité.
b Ecris des phrases pour chaque saison. Invente des symboles.

Stratégie

Pour apprendre des mots et expressions, tu peux:
• faire des diagrammes
• dessiner des symboles.

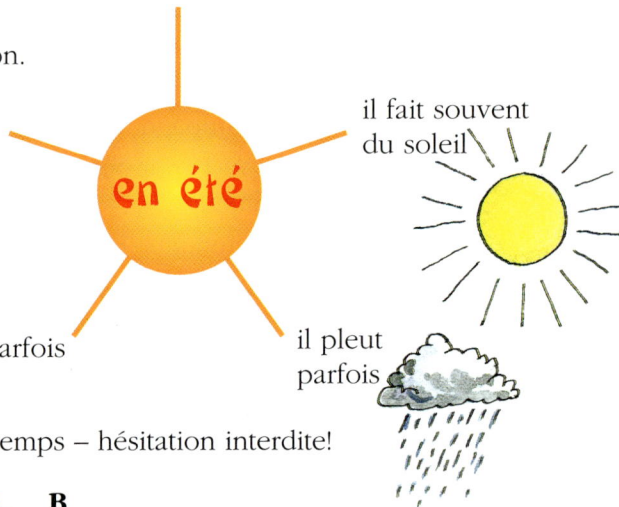

en été

il fait souvent du soleil

il fait parfois très...

il pleut parfois

2 A dit une saison. **B** dit un exemple du temps – hésitation interdite!

Exemple: A En hiver...   ... il neige. B

3 Quatre personnes parlent du climat dans leur pays.
Note des détails sur:
1 le Canada; **2** le Cameroun;
3 la Corse; **4** la Guadeloupe.

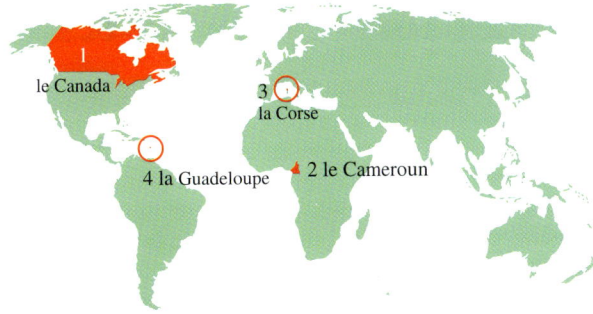

1 le Canada
3 la Corse
4 la Guadeloupe
2 le Cameroun

4 Des élèves canadiens ont écrit ces poèmes.

◆ ♣

Mon pays c'est ici...

Quand il neige sur mon pays
Il y a beaucoup de poudrerie

Quand il pleut sur mon pays
Il y a beaucoup de gens avec un parapluie

Sur mon pays, quand le vent siffle
Je ne vais pas dehors

Sur mon pays, quand il fait soleil
Il y a beaucoup de fleurs dans les corbeilles

Nadine Lapostalle
Ecole Madeleine-de-Verchère

♣

Mon pays c'est ici...

Dans mon pays
Il y a le soleil
Qui éblouit
Et émerveille

Dans mon pays
Il y a la pluie
Qui nourrit
Et assouvit

Dans mon pays
Il y a la neige
Qui réjouit
Et égaye

Dans mon pays
Il y a des arbres
Qui rougissent
Et embellissent

Dans mon pays
Il y a la pollution
Que nous surveillons
Et empoubellissons

Yanick Jolin
Ecole François Perrot

a Lis le premier poème. Ecris les lettres des images dans le bon ordre.

a
b
c
d

♣ **Stratégie**

N'oublie pas! Dans le dictionnaire, tu trouves **l'infinitif** des verbes.

Exemple:
éblouit → éblouir

b ◆ Que penses-tu du poème?

Exemples:
Je pense que c'est (très/assez) bien/ (complètement) nul.
♣◆ + ...parce que...

c ♣ Tu préfères quel poème? Pourquoi?

5 *A toi!* Ecris un poème sur le temps.

Exemple:

Quand il neige sur mon pays
Je fais du ski
Quand...

K Les impressionnistes et la Normandie

Caroline a fait des recherches sur les impressionnistes et la région.

Les peintres impressionnistes aimaient beaucoup la Normandie. Ils venaient souvent peindre les villes et la campagne de la Normandie.

En particulier, le peintre Claude Monet a fait beaucoup de peintures en Normandie.

Par exemple, entre 1893 et 1894, il a fait vingt peintures de la cathédrale de Rouen! Chaque tableau est différent. Monet a peint certains tableaux de la cathédrale le matin, d'autres l'après-midi, et d'autres le soir.

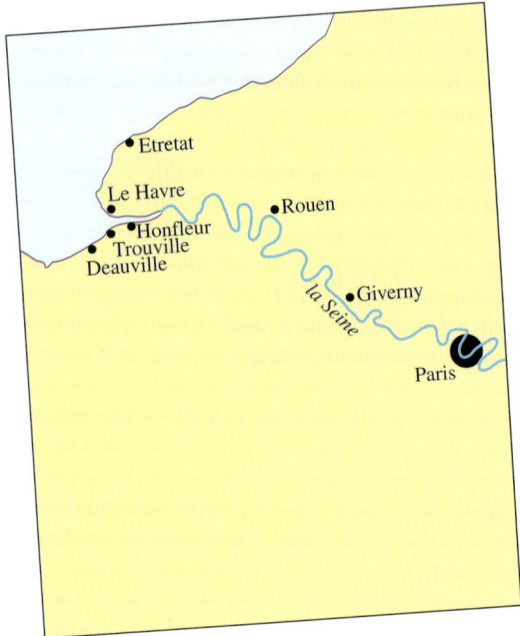

la cathédrale au coucher du soleil

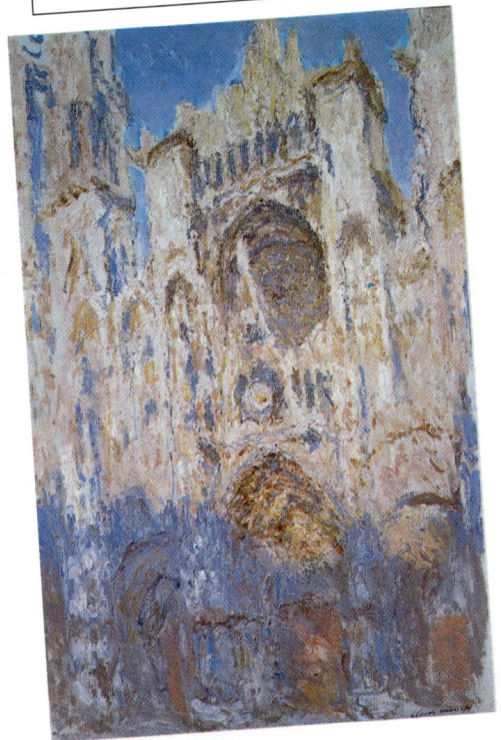

la cathédrale à midi

aimait, aimaient – liked
venaient – came, used to come
avait – had

Monet aimait peindre à côté de la Seine, et dans beaucoup de ses peintures, on voit la rivière, avec des yachts, des canots et d'autres bateaux. Monet lui-même avait un petit bateau sur la Seine.

A sa maison à Giverny, pas loin de Rouen, Monet avait un très beau jardin. C'était un jardin dans le style romantique, avec un petit pont japonais. Peindre son jardin est devenu une obsession pour Monet: il en a fait beaucoup de peintures. Monet est mort en 1926, mais le jardin existe encore, et il est ouvert au public.

le jardin de Claude Monet, à Giverny

Monet, et d'autres peintres impressionnistes, comme Renoir et Sisley, sont souvent allés à la côte normande, à Trouville, Deauville, Honfleur et Etretat, où ils ont peint des scènes à la plage et au port.

Etretat, par Monet

1 Une 'famille' de mots

◆ Cherche ces mots de l'article dans le dictionnaire: **la peinture**, **le peintre**, **peindre**.

♣ ◆ + Maintenant, cherche le mot **dessin** dans le dictionnaire.
Peux-tu trouver d'autres mots de la même 'famille'?

2 Recopie et complète les phrases.

1 Monet a fait beaucoup de peintures de _____ de Rouen.
2 Monet aimait peindre _____ sur la Seine.
3 Monet aimait beaucoup _____ à Giverny.
4 On peut toujours _____ le jardin de Monet.
5 Les impressionnistes ont fait des peintures _____.

son jardin

visiter

au bord de la mer

les bateaux

l'hôtel de ville

peindre

la cathédrale

3 a Quelle peinture préfères-tu?

Exemples:
Je préfère..., parce que... c'est le plus beau/intéressant.
                                    j'aime les couleurs.

b Et ton/ta partenaire?

L Atelier

C'est drôle, mais je ne connais pas très bien la ville où j'habite! Pour les jeunes, Rouen est génial. Mais pour les autres, je ne sais pas...

Oui. Si on n'a pas de voiture, par exemple, les transports publics sont importants.

Ils sont importants pour les personnes âgées, aussi.

1 Quels sont les aspects importants d'une ville et des endroits – pour différentes personnes?

a Remplis une grille. Coche (✓) les aspects importants pour chaque groupe de gens. Si nécessaire, emploie un dictionnaire.

groupes: \ aspects:	pour les personnes sans beaucoup d'argent	pour les personnes sans voiture	pour les personnes âgées	pour les personnes handicapées	pour les familles avec enfants
les transports publics		✓	✓		
un parking					
le prix (entrée/ billets)					
un ascenseur					
l'accès facile					
des toilettes aménagées					
un terrain de jeux					

b En groupe, discutez de vos réponses. Vous êtes d'accord?

A *A mon avis, des toilettes aménagées sont importantes pour les familles avec enfants.*

B *Je suis d'accord. Elles sont importantes pour les personnes handicapées, aussi.*

C *C'est vrai. Un terrain de jeux est important, aussi.*

2 Cinq personnes donnent leur opinion sur une ville.

    a Ecoute la cassette. Chaque personne parle de quel endroit?

    b Réécoute la cassette. Note les aspects positifs (✚) et négatifs (➖) mentionnés.

    Exemple:

    1 cinéma: ➖ prix

3 *A toi!* Connaissez-vous votre ville? Travaillez en groupe.

• Choisissez un groupe de gens (ou plus) de la grille de l'exercice 1.

A On choisit les personnes âgées?

B Oui, d'accord. Et les familles avec enfants, aussi?

• Faites des recherches sur votre ville!
Quels sont les aspects positifs et négatifs pour ces personnes?

• Discutez de vos recherches.

Exemple:

A La bibliothèque, c'est très bien pour les personnes handicapées.

B Oui, c'est vrai. L'accès est facile. Il y a une rampe pour les fauteuils roulants.

• Ecrivez un rapport, avec des points pour chaque aspect.

Exemple:

La bibliothèque
• accès 10/10
L'accès à la bibliothèque est facile pour les personnes handicapées. Il y a une rampe pour les fauteuils roulants.

La vie au collège

Isabelle Vincent

A Si tu continues comme ça...

Mercredi matin, au collège

Isabelle, tu viens en ville avec nous?

Euh... d'accord.

Tu veux une cigarette?

Vas-y!

Euh, je ne fume pas.

D'accord.

Jeudi, au collège

Hé! Arrêtez-vous!

Allez, vite!

Isabelle, tu étais absente lundi et mercredi, tu n'as pas fait tes devoirs...

Si tu continues comme ça, tu auras des problèmes aux examens! Tu quitteras l'école sans diplôme!

Les amis d'Isabelle discutent de la situation.

Je m'inquiète pour Isabelle. Elle n'est jamais au collège. Elle ne sort plus avec nous. Elle perdra ses amis.

Oui, et elle fume beaucoup. Si elle continue comme ça, elle aura des problèmes de santé.

Moi, je n'aime pas ses nouvelles amies.

Non. Elles ont une mauvaise influence sur Isabelle. Elles auront des problèmes avec la police un jour.

Mais qu'est-ce qu'on peut faire?

1 Lis et écoute le roman-photo.
Isabelle a quels problèmes?
Note les numéros.

1 Elle est souvent absente.
2 Elle fume des cigarettes.
3 Elle boit de l'alcool.
4 Elle ne fait pas ses devoirs.
5 Elle est violente.
6 Elle vole dans des magasins.

Stratégie

Dans le dictionnaire, tu trouves **deux** sens.
Choisis le sens qui correspond au contexte.

voler *vi* (*avion*, *oiseau*) to fly;
(*voleur*) to steal

2 Trouve les paires.

1 Tu auras des problèmes de santé.
2 Tu perdras tes amis.
3 Tu quitteras l'école sans diplômes.
4 Tu auras des problèmes au collège.
5 Tu auras des problèmes avec la police.

a Tu vas avoir de mauvaises notes aux examens.

b Tu vas peut-être aller au prison, un jour!

c Tu vas avoir des difficultés à faire le travail en classe et les devoirs.

d Tes amis ne vont plus sortir avec toi.

e Tu vas tomber malade.

Grammaire ▶▶ p.80 ▶▶ p.149

tu **auras** des problèmes
elle **perdra** ses amis

3 Ecoute les cinq conversations.
◆ Note les 'problèmes' (voir l'exercice 1).
♣ ◆ + A ton avis, chaque jeune parle avec: a) un(e) ami(e), b) un(e) parent *ou* c) un(e) prof?

4 A toi! Regarde les problèmes de Véronique, une des amies d'Isabelle.
◆ A deux, discutez des problèmes et des conséquences possibles.
♣ ◆ + A votre avis, quels problèmes sont les plus sérieux?

Se droguer

Devoirs

VODKA

B Résolutions et promesses

1 a Lis le contrat signé par Isabelle. Relie les bonnes résolutions aux catégories.

Exemple: **1 B**

A la santé
B l'école
C la loi/la police

b Le prof d'Isabelle écrit un message pour les autres profs. Recopie et complète le message.

> *Isabelle Vincent a signé un contrat. Elle ne sera plus absente...*

Collège Louis Pasteur
CONTRAT

Résolutions:

1 Je ne serai plus absente. Je n'irai plus en ville pendant les heures de classe.

2 Je ne volerai pas dans les magasins.

3 Je travaillerai en classe.

4 Je ferai attention en classe.

5 Je ne fumerai plus.

6 Je ferai mes devoirs.

Signé:

(élève) .....*Isabelle Vincent*.....

(parent) .....*L. J. Vincent*.....

Grammaire ▶▶ p.147

Je **ne** serai **plus** absente.
Je **ne** fumerai **plus**.

---

2 a Voici d'autres gens qui prennent des résolutions, comme Isabelle. Ecoute les deux interviews sur la cassette. C'est qui?

la forêt – the forest

Blanche-Neige   **Le petit chaperon rouge**   **Boucles D'Or**   **Hansel et Gretel**

b ◆ Ecris des résolutions pour les personnes dans les deux autres images.

♣ ◆ + Ecris des résolutions pour une autre personne, réelle ou imaginaire. (A toi de choisir la personne.)

Exemple: Je n'irai plus dans la forêt.

Mots utiles

dans la forêt   de porridge   de pommes

ours   je ne (*manger*) plus...   vieilles dames

je n'(*aller*) plus chez les...   je ne (*dormir*) plus...   je ne (*parler*) plus aux

---

3 **a** Isabelle lit un article dans un magazine.

◆ Regarde les images. Mets les paragraphes dans le bon ordre.

♣ Mets les paragraphes dans le bon ordre. Ensuite, regarde les images pour vérifier.

«J'ai volé dans un magasin»

Christophe*, 15 ans, parle de ses expériences.

(* pas son vrai nom)

A Mais, un jour, désastre! Deux inspecteurs d'un grand magasin m'ont vu voler un CD. Quand je suis sorti du magasin, avec le CD, ils m'ont attrapé par les épaules. Ils ont dit «Viens avec nous.».

B Après ça, j'ai volé de plus en plus souvent. Pour commencer, c'était des petits vols: du chewing gum, des magazines, des stylos, etc.

C Mon premier vol, c'était une sorte de jeu idiot avec des copains. Nous avons tous volé un objet inutile, pour prouver notre courage. Moi, j'ai piqué une tablette de chocolat. J'ai trouvé ça facile.... et je suis tombé dans le piège.

D Ils ont téléphoné à ma mère, qui est venue au magasin. Elle a payé le CD. C'était vraiment affreux! Ma mère était furieuse. Heureusement, ils n'ont pas appelé la police. Maintenant, je ne vole plus rien!

E Ensuite, je suis passé à des vols plus importants: des disques compacts, des T-shirts, etc. Mais c'était difficile d'arrêter de voler. C'était comme une maladie.

b ◆ Que penses-tu de Christophe?

Il est...

stupide   courageux   accroché (= addicted)   intelligent   Il a eu de la chance(= lucky)

♣ Ecris l'histoire de Christophe pour ton correspondant.

Exemple: **Son** premier vol, c'était... **Il a** piqué...

C Comment dire 'non'!

Alors, Isabelle. Ça va, tes résolutions?

Oui, ça va bien.

Oh non! Voilà Murielle et Véronique...

Salut, Isabelle. Tu veux venir en ville avec nous?

Euh...non, désolée. Je ne peux pas. Je vais chez Fatima.

Bravo, Isabelle! Tu as bien fait!

1 a Lis et écoute la conversation. Isabelle accepte l'invitation de Murielle?

b Ecoute les cinq conversations. Note:
- l'endroit proposé
- si la personne accepte (✓ ou ✗).

Exemple: **1** piscine ✓

2 Lis l'article. Pour chaque situation (**a-d**), note le **scénario** qui correspond.

a Un ami a deux billets pour un concert de rap. Il t'invite. Tu détestes le rap.

b Ta copine veut aller au cinéma vendredi. Toi, tu veux voir le film, mais tu vas chez ta tante vendredi.

c Ton copain veut aller à la piscine samedi. Tu es libre samedi, mais tu n'aimes pas la natation.

d Ton cousin t'invite à sa soirée. Tu détestes ton cousin et ses amis!

libre – free

Les invitations – comment dire 'non'?

Voici trois scénarios typiques:

Scénario 1:
Tu ne veux pas faire l'activité proposée.
Solution:
Propose une autre activité.
«On pourrait aller au cinéma...»

Scénario 2:
Tu ne veux pas accepter, mais tu ne veux pas offenser la personne qui t'invite.
Solution:
Dis que tu ne peux pas accepter. Si possible, donne une excuse.
«Je suis désolé(e), mais je ne peux pas. Je vais chez mes cousins.»

Scénario 3:
Tu veux accepter, mais tu n'es pas libre.
Solution:
Propose une autre heure, ou un autre jour.
«Je suis libre samedi...»

3 Ecoute les cinq conversations.

- Identifie les scénarios de l'article (exercice 2).
- Note l'activité qu'ils **décident** de faire et les détails *ou*, s'ils n'acceptent pas, la raison.

4 a Lis ces dialogues avec un(e) partenaire. Apprends-les par cœur.

A
– Tu veux jouer au tennis, samedi?
– Oui, je veux bien.
– Je viens chez toi à dix heures?
– D'accord.

B
– Tu veux faire du vélo, dimanche?
– Ah non, je n'aime pas ça. On pourrait aller à la pêche.
– D'accord.

C
– Tu veux venir à ma soirée, vendredi?
– Je suis désolé(e), mais je ne peux pas. Je vais chez ma grand-mère.
– Ah, c'est dommage.

D
– Tu veux aller à la patinoire, mardi?
– Je ne peux pas. Je ne suis pas libre.
– C'est dommage.
– On pourrait aller à la patinoire jeudi.
– D'accord.

b ◆ Change les expressions soulignées selon les images.
♣ ◆ + Invente d'autres dialogues.

A

B
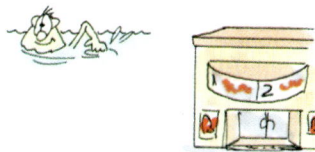

C

D

5 *A toi!* Imagine! Tu veux inviter six personnes de ta classe à sortir avec toi.

Discute avec chaque personne pour trouver:

- une activité que tout le monde aime
- un jour et une heure où tout le monde est libre.

Tu veux jouer à cache-cache?

cache-cache – hide and seek

D Grammaire

Le futur (the future tense)

Verbes en -er: mang**er** + **ai/as/a/ons/ez/ont**
manger: to eat
je manger**ai** *I'll eat*   nous manger**ons** *we'll eat*   tu manger**as** *you'll eat*   vous manger**ez** *you'll eat*   il manger**a** *he'll eat*   ils manger**ont** *they'll eat*   elle manger**a** *she'll eat*   elles manger**ont** *they'll eat*   on manger**a** *we'll eat*
Verbes en -ir: fin**ir** + **ai/as/a/ons/ez/ont**
finir (*to finish*) je finirai   tu finiras   il finira   etc.
Verbes en -re: vendr~~e~~ + **ai/as/a/ons/ez/ont**
vendre (*to sell*) je vendrai   tu vendras   il vendra etc.
Des exceptions: (+ **ai/as/a/ons/ez/ont**)
(être) je **ser**ai *I'll be*   (avoir) j'**aur**ai *I'll have*   (faire) je **fer**ai *I'll do*   (aller) j'**ir**ai *I'll go*   (pouvoir) je **pourr**ai *I'll be able to*

1 M. et Mme Laclos grondent leur fils, Mathieu.
Ecris les promesses de Mathieu.

Exemple: Je **boirai** moins de coca.

> gronder – to tell off
> tu devrais... – you should...

Tu devrais <u>boire</u> moins de coca.

Tu devrais <u>manger</u> plus de fruits.

Tu devrais <u>finir</u> tes devoirs avant de sortir.

Tu devrais <u>faire</u> plus de sport.

Tu devrais <u>parler</u> moins en classe.

Tu devrais <u>aller</u> plus souvent au centre sportif.

2 Ecris huit résolutions pour toi:
- trois résolutions raisonnables
- trois pour horrifier tes parents/tes profs!
  (*Exemple:* Je ne ferai pas mes devoirs.)

3 Recopie la bonne prédiction pour chaque image.
Dessine trois autres images et écris des prédictions.

a

b

c

d

e

plus – any more

Les prédictions

Il finira en dernière position.   Elle perdra le match.

Elle ne voyagera plus par le ferry.

Il ne traversera plus la route.   Il ne mangera plus de chocolat.

4 **Le jeu du futur!** Jouez en groupe. Vous aurez besoin d'un dé.

Les personnes

1 je
2 tu
3 il
4 ♦ je   ♣ nous
5 ♦ tu   ♣ vous
6 ♦ il   ♣ ils

Les verbes

		7	vendre
2	regarder	8	choisir
3	être	9	attendre
4	finir	10	écouter
5	faire	11	avoir
6	aller	12	jouer

Instructions

- Jette le dé une fois pour **la personne**. *Exemple:*   **3 – il**
- Jette le dé deux fois pour **le verbe**. *Exemple:*   +   = **7 – vendre**
- Dis une phrase correcte au futur. *Exemple:* **Il vendra son vélo.**
- Tu gagnes un point pour une expression/phrase correcte.
  (Les autres joueurs sont les juges.)

E Des stars et des héros

1 Isabelle et Fatima trouvent un article sur une femme remarquable.
Lis l'article et réponds aux questions. Emploie un dictionnaire, pour t'aider.

Sœur Emmanuelle

Sœur Emmanuelle, une religieuse française, est incapable de vivre confortablement et tranquille! Elle préfère vivre dans des conditions complètement affreuses, où elle peut aider les gens.

Elle a visité plusieurs pays: la Turquie, la Tunisie, etc. Elle a vu la misère, la guerre, la famine.

Mais en 1971, elle découvre Azbet-el-Nakal, près de la capitale égyptienne. Des milliers de personnes habitent à Azbet-el-Nakal, sans eau, sans électricité, dans la misère totale. Elle décide: c'est là qu'elle va vivre! Et elle est toujours là!

Elle s'organise immédiatement. Tout d'abord, elle ouvre une école pour les enfants. Ensuite, les femmes viennent écouter ses conseils sur l'hygiène et la nutrition.

Mais il y a toujours de la violence. Pour apporter la paix, il faut des écoles pour les enfants et du travail pour les adultes. Sœur Emmanuelle voyage encore, en Europe et en Amérique du Nord, pour demander de l'argent. Energique et résolue, elle trouve enfin l'argent pour construire un centre où les enfants pourront apprendre à lire, les mères accoucher dans des lits, les jeunes apprendre un métier. Ce centre s'appelle «Salam», le centre de la paix.

1 Sœur Emmanuelle est une femme...
   a) politique   b) médecin   c) de l'église.

2 Azbet-el-Nakal est...
   a) un petit village   b) une grande ville   c) la capitale de l'Egypte.

3 Sœur Emmanuelle habite maintenant...
   a) en Egypte   b) en Turquie   c) en France.

4 Le centre «Salam» est...
   a) un centre   b) une école   c) un centre d'éducation et
   commercial   de santé.

5 A ton avis, Sœur Emmanuelle est de quel caractère?
   a) arrogante et   b) gentille et   c) complètement dingue.
   macho   courageuse

6 Explique en anglais: Who is Sister Emmanuelle?

   ◆ Ecris 15-20 mots.   ♣ Ecris 30-50 mots.

Grammaire ▶▶ p.88 ▶▶ p.146

confortable**ment**	comfortab**ly**
complète**ment**	complete **?**
immédiate **?**	immediate**ly**

2 Ecoute les deux annonces de radio au sujet de 'héros'.

◆ Note la photo qui correspond (**a**, **b** ou **c**).

♣ ◆ + Peux-tu noter d'autres détails, aussi?

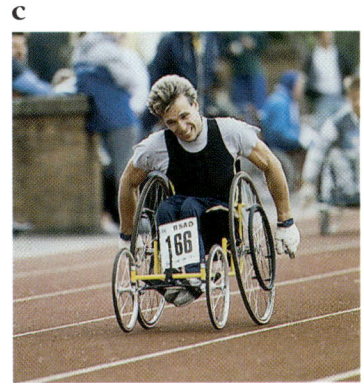

a

b

c

3 a Lis et écoute la conversation entre Isabelle et Fatima.

Tu admires vraiment tes amies, Murielle et Véronique?

Moi, j'admire Catherine Destivelle, la varappeuse. J'aimerais être aussi courageuse! Et toi, quelle est ta sportive préférée?

J'aimerais être aussi cool qu'elles...

Mais tu es plus gentille!

Marie-Jo Pérec, l'athlète!

Catherine Destivelle

b Que penses-tu de Murielle et Véronique? (Elles sont cool/gentilles/bêtes...?)

c Pose des questions à tes camarades de classe.
Pour chaque question, trouve quelqu'un avec le même goût que toi!

goût – taste

Quel est ton groupe préféré?

Quelle est ta chanteuse préférée?

Quel est ton chanteur préféré?

Quelle est ta sportive préférée?

Quel est ton acteur préféré?

Quelle est ton actrice préférée?

Quel est ton sportif préféré?

Quelle est ton équipe préférée?

Attention aux réponses!

masculin	*féminin*
mon chanteur préféré, c'est...	**ma** chanteuse préférée, c'est...
mon acteur préféré, c'est...	**mon** actrice préférée, c'est...

F Quel est ton héros?

Moi, j'admire Isabelle, parce qu'elle a refusé de sortir avec Murielle et Véronique!

Mon héros, c'est probablement le footballeur Ronaldo, parce qu'il joue extrêmement bien. Je pense qu'il a beaucoup de talent.

Mon héros, c'est l'acteur, Christopher Reeves, qui a joué 'Superman'. Il a eu un accident, et est maintenant handicapé, mais il est très courageux.

Moi, j'admire énormément Sœur Emmanuelle et la Mère Térésa, parce qu'elles ont beaucoup aidé les gens. Ce sont des femmes vraiment gentilles et généreuses.

J'aime regarder les acrobates au cirque, parce qu'ils ont beaucoup de talent. En plus, ils sont courageux.

Mon héros, c'est mon oncle, parce qu'il est très sympa. En plus, il est vraiment marrant!

1 Lis et écoute la conversation. Pourquoi est-ce qu'on admire chaque personne? Pour son caractère, ses actions ou son talent?

Exemple:
◆ Sœur Emmanuelle + Mère Térésa: actions et caractère
♣ Delphine admire Sœur Emmanuelle et la Mère Térésa pour leurs actions et leur caractère.

2 Travaillez à deux. **A** commence une phrase (tableau 1); **B** finit la phrase (tableau 2), en utilisant **parce que**.

Exemple: **A** J'aime le groupe REM, parce qu'ils ont beaucoup de talent. **B**

1

J'aime le groupe REM,
Mon héros, c'est Steffi Graf,
Moi, j'admire les astronautes,
Mon héros, c'est l'actrice Jody Foster,
Mon héros, c'est Roadrunner,
J'admire les agents de Greenpeace,

2

ils aident les animaux en danger.
il est marrant.
ils ont beaucoup de talent.
elle joue vraiment bien au tennis.
ils sont très courageux.
elle a beaucoup de talent.

3 Ecoute l'émission de radio (1-6). On vote pour 'le héros de la semaine'.

- Note **qui** chaque personne propose, et **pourquoi**.
- Et toi, tu votes pour quelle personne (1-6)?

4 Lis la lettre. Complète ces phrases.

1 Paul admire _____ pour son caractère et son talent.
2 Il admire _____ pour son talent.
3 Il admire _____ pour ses actions.

> 3, rue Emile Zola
> 76008 Rouen
>
> 2 mars
>
> Salut !
> Merci pour ta lettre. Tu m'as demandé de parler
> de mes héros.
> Mon héros, c'est probablement Michael Jackson,
> <u>parce qu</u>'il a beaucoup de talent. J'adore sa
> musique et <u>en plus</u>, il danse très bien. Il est
> vraiment super-cool.
> J'admire <u>énormément</u> Nelson Mandela <u>parce qu</u>'il a
> beaucoup fait pour aider les gens (Noirs et Blancs) en
> Afrique du Sud.
> J'admire <u>aussi</u> mon copain Eric, <u>parce qu</u>'il est
> vraiment marrant. Il raconte toujours de bonnes
> blagues. <u>En plus</u>, il joue vraiment bien au
> tennis de table.
> Et toi, quels sont tes héros ? Qui admires-tu ?
> Pourquoi ?
> Ecris-moi bientôt.
>
> Amicalement,
>
> Paul

5 *A toi !* Ecris à Paul. Réponds à ses questions.

Stratégies

- Ecris des phrases plus longues. Emploie l'expression **parce que**.
  Exemple: Mon héros, c'est mon cousin, **parce qu'**il est vraiment courageux.

- ♣ Ecris des phrases plus complexes. Emploie des expressions comme **énormément**, **probablement**, **en plus**. Il y a des exemples <u>soulignés</u> dans la lettre.

6 *A toi !* Discutez en groupe de cinq ou six: qui admirez-vous, et pourquoi? Ensuite, votez pour un 'héros de la semaine'.

G Déléguée de classe

Collège Louis Pasteur

ELECTIONS:
DÉLÉGUÉS DE CLASSE

Responsabilités des délégués:

- représenter les élèves
- discuter avec les professeurs

Regarde l'affiche!

Isabelle, tu devrais te présenter aux élections.

Moi? Déléguée de classe?!

Mais oui! Pourquoi pas?!

Ben... d'accord!

1 Isabelle prépare sa campagne électorale.

- Lis les questions pour son sondage.
- Relie les réponses avec les questions du sondage, et note les opinions (☺ ou ☹).

Exemple: **A** – question 1 ☺

le racket = l'intimidation, la violence

Sondage
1. Le racket, c'est un problème?
2. Que penses-tu de la cantine?
3. Les devoirs, ça va?
4. Le travail en classe, ça va?

A Non, le racket n'est pas un problème dans cette école.

B Je pense qu'il y a trop de travail à faire à la maison. C'est complètement ridicule!

C C'est vraiment nul, et ça coûte beaucoup trop cher.

D Je pense que la violence est un grand problème. Moi, j'en ai été victime. C'était affreux!

F Parfois c'est trop difficile, mais si j'ai un problème, je demande à la prof ou à mon partenaire de m'aider.

G A mon avis, ça va. Je pense que les devoirs sont nécessaires.

E Je la trouve assez bien. En particulier, j'aime les pizzas et les gâteaux.

H Les exercices que l'on fait en classe sont trop faciles. Je trouve ça un peu ennuyeux.

I Oui, c'est un problème pour moi. Je suis nouveau au collège, et je ne connais personne. Les élèves dans ma classe se moquent de mon accent parce que suis belge. Certains prennent mon argent.

J Normalement, ce n'est pas mal, mais la semaine dernière, les repas étaient vraiment dégueulasses! Je n'y mangerai plus!

2 Isabelle fait quatre interviews: avec Christophe, Benoît, Hélène et François.

Ecoute les réponses de chaque personne et prends des notes:

- ◆ les aspects
  - ♣ les aspects et des détails
- les opinions ☺ ou ☹.

Exemple:
Christophe: le racket
(♣ très grand problème) ☹

3 Regarde les résultats du sondage: tes notes de l'exercice 2 et les réponses (exercice 1).
Quel est le plus grand problème?

4 La correspondante anglaise d'Isabelle parle de son collège.

Note son opinion (☺ ou ☹) sur: 1) le racket, 2) la cantine, 3) les devoirs, 4) le travail en classe, 5) l'uniforme.

Tu m'as demandé de te parler du collège. Eh bien, en général, ça va. Le travail en classe n'est pas trop difficile, mais nous avons une heure de devoirs par jour. Ça, c'est trop. La cantine, c'est vraiment nul. Même les pizzas sont dégueulasses! Moi, je préfère apporter des sandwichs. Quant au racket, ça ce n'est pas un grand problème dans notre collège, heureusement. Pour moi, le pire, c'est notre uniforme. Je le déteste parce que c'est vraiment moche!

5 *A toi!* Tu vas écrire à ton/ta correspondant(e).

Tu vas donner tes opinions sur le racket, la cantine, les devoirs, le travail en classe et l'uniforme (si ton collège a un uniforme).

a Relis la lettre et l'exercice 1 (réponses **A-J**). Recopie des expressions utiles. Vérifie le sens dans le dictionnaire.

Exemple: Nous avons __ heure(s) de devoirs par jour.

♣ Tu peux adapter les expressions.

Exemple: quant **au** racket → quant **à la** cantine/quant **aux** devoirs

b Ferme le livre et écris ta lettre.

6 *A toi!* Discute avec ton/ta partenaire.

- Comparez votre opinion sur chaque aspect: vous êtes d'accord sur quels aspects?
- A votre avis, quels aspects sont les plus grands problèmes dans votre école?

H Grammaire

Les adverbes

1 Trouve les mots et phrases qui correspondent. *Exemple:* **a-j-p**

a	vrai**ment**	**g**	*sadly*	**m**	J'admire énormément les astronautes.
b	extrême**ment**	**h**	*slowly*	**n**	Il est parti tristement.
c	énormé**ment**	**i**	*politely*	**o**	Pouvez-vous parler plus lentement?
d	poli**ment**	**j**	*really*	**p**	Fumer, c'est vraiment dangereux.
e	lente**ment**	**k**	*extremely*	**q**	Isabelle a refusé poliment.
f	triste**ment**	**l**	*enormously*	**r**	Voler, c'est extrêmement stupide.

2 Lis la lettre au sujet de Gérard Depardieu. Peux-tu deviner le sens des mots soulignés? Recopie ces mots, puis écris l'anglais.

◆ Regarde le tableau ci-dessous. ⇩

♣ Regarde le tableau après pour vérifier.

Exemple: passionnément – passionately

J'aime passionnément l'acteur, Gérard Depardieu! Pour moi, il est tout simplement le meilleur acteur français. Il est certainement un des meilleurs acteurs d'aujourd'hui. J'ai probablement vu tous ses films. C'est un acteur complètement professionnel. Il joue ses rôles sincèrement et avec beaucoup de talent.

◆ sincerely   simply   completely   passionately   certainly   probably

3 Le jeu des adverbes

- **A** choisit une **phrase** et une **manière de parler**. Il/elle dit la phrase dans ce style.
- **B** identifie la manière de parler.

Exemple:

Phrases

Bonjour. Ça va?   C'est pour toi.   Quelle heure est-il?
Je voudrais une glace.   Au revoir, et bon voyage.
Je m'appelle…   C'est toi!   Tu voudrais un coca?

Manières de parler

Tu parles…
tristement
sincèrement
poliment
pas sincèrement
impoliment
lentement
passionnément

Bonjour. Ça va?

Il a parlé passionnément.

Deux autres adverbes: **bien** (*well*) et **mal** (*badly*).

4 Discute avec ton/ta partenaire:
- trois acteurs/actrices
- trois sportifs/sportives/équipes
- trois chanteurs/chanteuses/groupes.

Ils jouent ou chantent bien ou mal? Vous êtes d'accord sur combien de réponses?

Exemple:

A Moi, je pense que Jody Foster joue <u>bien</u> dans ses films.

B Oui, elle joue <u>bien</u>. Mais je pense que Madonna joue <u>mal</u> dans Evita.

Prononciation: -au-/-eau-

A Ecoute la prononciation: **-au-** / **-eau-**.

Ecoute et répète ces mots:

aujourd'hui **au**x Arn**au**d f**au**x **au**tomne rez-de-ch**au**ssée
cad**eau** nouv**eau** b**eau**té chât**eau** b**eau**coup

B Recopie les mots qui riment.

rimer – to rhyme

l'eau   marrant   une glace   le chocolat   un musée

un château   une boule   chaud   un esquimau   beau

C Change l'ordre des lignes pour faire un rap.
Commence par la ligne E.

A J'ai nagé dans l'eau
B C'est un stylo
C Il a fait très chaud
D Je suis allé au château
E Il a fait beau
F Pour l'anniversaire de
   mon ami, Arnaud
G J'ai acheté un esquimau
H J'ai acheté un cadeau
I Il a fait chaud

D Ecoute une version du rap
sur la cassette.
Répète ton rap, avec
un(e) partenaire!

cadeaux

I Le manifeste d'Isabelle

VOTEZ

ISABELLE VINCENT!

MANIFESTE:

1 J'écouterai vos opinions.
2 J'irai à tous les meetings.
3 Je demanderai moins de devoirs.
4 Je parlerai aux profs de vos problèmes.
5 Je lutterai contre le racket.

VOTEZ

OLIVIER MOUCHOT

Mes promesses :
• Je demanderai moins d'examens
• Je demanderai plus de musique
• Je demanderai plus de choix à la cantine
• Je demanderai beaucoup de sport.

1 Lis les deux manifestes. Si nécessaire, consulte un dictionnaire.
A ton avis, ces élèves voteront pour Isabelle ou Olivier?

Exemple: A mon avis, Pascal vot**era** pour..., parce qu'il/elle demand**era**...

J'adore la musique.

Pascal

Les déjeuners au collège sont nuls!

Anne

Je suis victime de la violence.

Agathe

Je n'aime pas travailler à la maison.

Sara

Je déteste l'éducation physique.

Jean

2 A deux, discutez de chaque promesse: c'est pratique, à votre avis?
♣ Si non, pourquoi?
Exemple:

A Isabelle dit qu'elle écoutera les opinions des élèves.

Moi, je pense que c'est pratique. B

A Mais non, ce n'est pas pratique. Il sera impossible d'écouter tous les élèves.

3 Deux autres candidats ont interviewé des élèves.
Voici les résultats de leur sondage. Ecris leur manifeste, basé sur leurs notes.

Exemple: **1** Je demanderai moins de devoirs.

Mohamed Issad
résultats de mon sondage
On veut:
– moins de devoirs ⟍⟍⟍⟍ ⟍⟍⟍⟍ ////
– moins d'examens ⟍⟍⟍⟍ //
– plus de choix à la cantine ⟍⟍⟍⟍
– plus de musique /
– beaucoup de sport ⟍⟍⟍⟍ ///

Guillaume Roux – sondage
• Il y a trop de devoirs ⟍⟍⟍⟍ ⟍⟍⟍⟍ ///
• Le racket c'est un problème
• Le choix des plats à la cantine est trop limité. ⟍⟍⟍⟍ ⟍⟍⟍⟍
• Les examens sont trop difficiles
• Les profs me connaissent pas les problèmes des élèves ⟍⟍⟍⟍ ///
• Les devoirs sont trop faciles //
• Il y a trop de sport ⟍⟍⟍⟍ //
• Il n'y a pas assez de musique ⟍⟍⟍⟍ ///

4 Ecoute trois autres candidats, Aline, Mathieu et Roulah.

◆ Ils mentionnent quels sujets?
Exemple: Aline 1) devoirs – moins

♣ Ils font quelles promesses?
Exemple: Aline 1) Elle demandera moins de devoirs.

5 Tu préfères le manifeste de quelle(s) personne(s):
Isabelle, Olivier, Mohamed, Gillaume, Aline, Mathieu ou Roulah?

6 ◆ A deux, changez ce manifeste. Ecrivez un manifeste plus pratique et réaliste!

Exemple:
1 J'**abolirai** les devoirs.
→ Je **demanderai moins de** devoirs.

♣ ◆ + Inventez un manifeste idéal pour vous!

réaliste – realistic
abolir – to abolish

Manifeste

Si je gagne les élections:

1 J'abolirai les devoirs.
2 Je demanderai dix heures de sport par semaine.
3 Je demanderai vingt minutes de maths par semaine.
4 J'abolirai les examens.
5 Je demanderai six semaines de vacances à Noël.

J La publicité, c'est bien ou c'est nul?

Isabelle, il faut faire une affiche pour les élections.

Mais quelle sorte d'affiche? Marrante? Sérieuse?

Regardons les publicités dans ces magazines, pour avoir de l'inspiration.

A

L'ESPRIT DE CONQUÊTE

KOUROS FRAICHEUR EAU DE TOILETTE

YVES SAINT LAURENT

Alexandre: Que pensez-vous de cette publicité? Moi, je trouve que c'est très **sexiste**!

Delphine: Sexiste?! Je ne suis pas d'accord! A mon avis, c'est assez **sophistiqué**!

Isabelle: Oui, c'est **cool**!

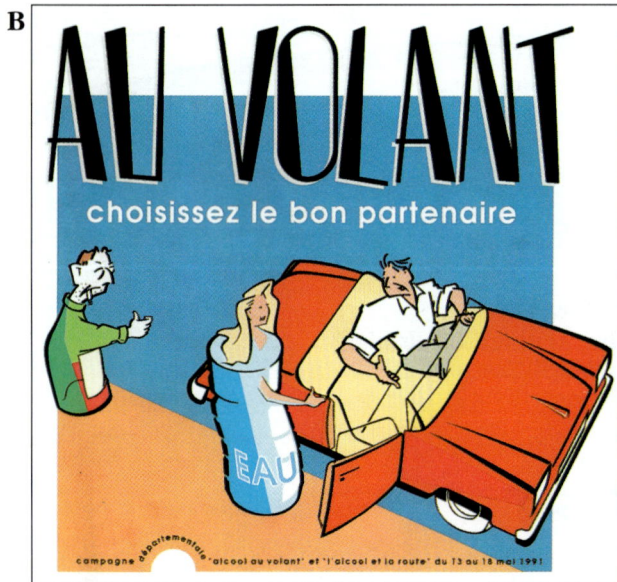

B

AU VOLANT

choisissez le bon partenaire

EAU

campagne départementale "alcool au volant" et "l'alcool et la route" du 13 au 18 mai 1991

Isabelle: Cette publicité est bien, n'est-ce pas? C'est assez **amusant**.

Delphine: Moi, je trouve que c'est complètement **bête**.

Alexandre: A mon avis, c'est nul, parce que ce n'est pas très choquant. Une publicité contre l'alcool devrait être plus **choquante** que ça.

C

Télé Z:2F. Ca mérite réflexion!

Alexandre: Ça, c'est **marrant**, n'est-ce pas?

Isabelle: Oui, c'est **mignon**!

Delphine: C'est nul, parce qu'il n'est pas évident que c'est une publicité pour un magazine sur la télé!

1 **a** Lis et écoute la conversation. Si nécessaire, emploie un dictionnaire.

b Trouve l'image pour chaque mot:

| choquant   mignon   amusant |

a

b

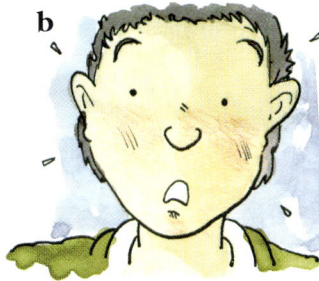

c

Aaahhh!

c Pour chaque publicité, tu es d'accord avec Alexandre, Delphine ou Isabelle?

2 Ecoute la cassette (1-4).

◆ On parle de quelle publicité: **D**, **E** ou **F**?

♣ ◆ + Note les opinions.

E

Schhh...!

Propriété du Laboratoire OBERLIN –
Tous droits de reproduction réservés

D

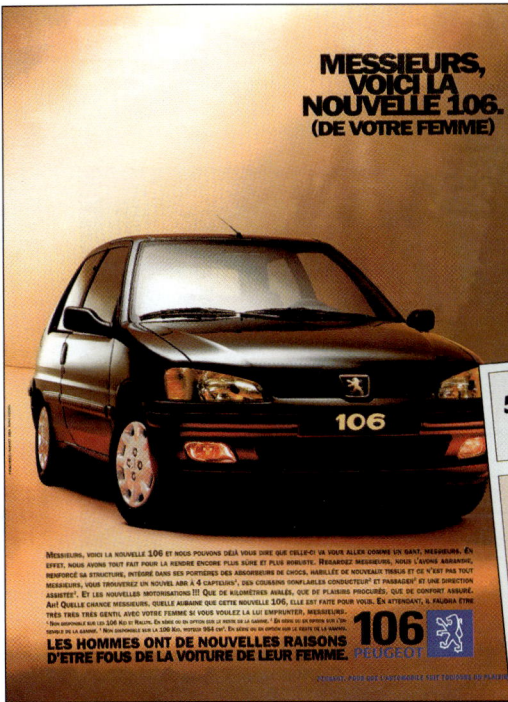

MESSIEURS,
VOICI LA
NOUVELLE 106.
(DE VOTRE FEMME)

LES HOMMES ONT DE NOUVELLES RAISONS
D'ETRE FOUS DE LA VOITURE DE LEUR FEMME.

106
PEUGEOT

F

53. accidents domestiques
chez l'enfant

Laboratoire Conseil Oberlin

3 **A toi!** A deux ou en groupe, discute de toutes les publicités.

◆ J'aime la publicité __ . C'est cool.

♣ **A mon avis**, la publicité __ est super. **Je trouve que c'est** amusant et
sophistiqué.

K Atelier

Travaillez en groupe. Vous organisez une campagne pour les élections d'un(e) délégué(e) de classe.

- Vous allez
  - faire un sondage
  - écrire un manifeste
  - faire de la publicité.
- Le/la candidat(e) va faire un discours à la classe.
- La classe va voter.

un discours – a speech

1 Choisir un(e) candidat(e)

En groupe, votez!

A Moi, je veux être délégué de classe.

Moi aussi. **B**

C Moi non.

D'accord, on vote. Levez la main pour Teresa. ... Trois personnes. ... C'est décidé! **D**

2 Le sondage

a Ecrivez une liste de questions (voir p.86-7).

b Chaque personne du groupe interviewe cinq personnes.

Exemple:

1 Le racket, c'est un problème?

2 Tu aimes l'uniforme?

A mon avis, le racket est un grand problème.

3 En groupe, écrivez les promesses de votre candidat(e) (voir p.90-1).

Exemple:

Manifeste
- Je lutterai contre le racket.

4 **Le discours d'Isabelle**

Ecoute le discours d'Isabelle.

◆ Sur ta liste de promesses, coche (✓) les promesses d'Isabelle.

♣ ◆ + Note d'autres promesses d'Isabelle.

5 **La publicité**

En groupe, discutez de chaque publicité.

C'est bien/nul/marrant, etc.?

Quelle publicité préférez-vous?

Votez Aline Balavoine!

● Je demanderai moins de devoirs.

● Je demanderai plus de choix à la cantine.

● Je demanderai moins d'examens.

GUILLAUME ROUX

MANIFESTE ÉLECTORAL

Si je suis élu...

• j'irai à tous les meetings.

• j'écouterai tous vos problèmes.

VOTEZ GUILLAUME ROUX!

Voici mes promesses.....

6 Ecrivez une publicité pour votre candidat(e).

◆ Faites une affiche simple.

♣ Faites un dépliant. Donnez vos opinions et expliquez vos raisons.

7 **Le discours**

a Chaque candidat(e) présente ses promesses à la classe.

Les autres élèves prennent des notes.

La classe vote. Qui est élu(e)?

| élu – elected |

Je m'appelle Teresa Simpson. Votez pour moi! Voici mes promesses: Numéro 1...

b Ecoute la cassette. Note le numéro de voix pour:

Aline

Mohamed

Mathieu

Olivier

Roulah

Guillaume

Isabelle

Qui est élu?

L Révision

Une soirée (préparations: à manger et à boire; descriptions)

1 Isabelle va acheter ces choses pour une soirée. Il faut aller où?
Exemple: Pour acheter **du pain**, il faut aller **à la boulangerie**.

les chips

le pain

les pizzas

les pommes

la limonade

l'aspirine

les gâteaux

le marché
la banque
la pharmacie
le tabac
la pâtisserie
la charcuterie
la poste
la boulangerie
l'épicerie

Grammaire ▶▶ p.144
du/de la etc.
au/à la etc.

2 Regarde l'image. Recopie et complète la description de la soirée.

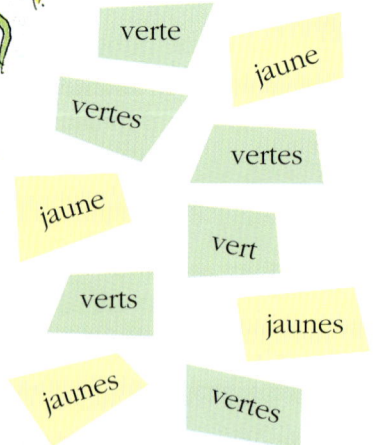

verte
jaune
vertes
vertes
jaune
vert
verts
jaunes
jaunes
vertes

J'ai organisé une soirée 'couleurs'.
On a décoré la maison en vert et jaune.
Moi, j'ai mis un pantalon _____ avec
une chemise _____, un pull _____,
des chaussures _____ et une
casquette _____!

On a mangé des pizzas _____ et _____,
des sandwichs _____ et _____, des
pommes _____, des bananes, et de la glace
au citron. On a bu des diabolos.

J'ai invité mes copains du collège.
C'était vraiment génial. On a beaucoup dansé.

Attention!
féminin (singulier) +e
féminin (pluriel) +es

chaussures, pizzas, sandwichs, pommes sont masculins ou féminins? Vérifie dans un dictionnaire.

3 Jeu: contre la montre

Trouve les choses à manger et à boire. Ecris les mots.
Il faut combien de secondes?

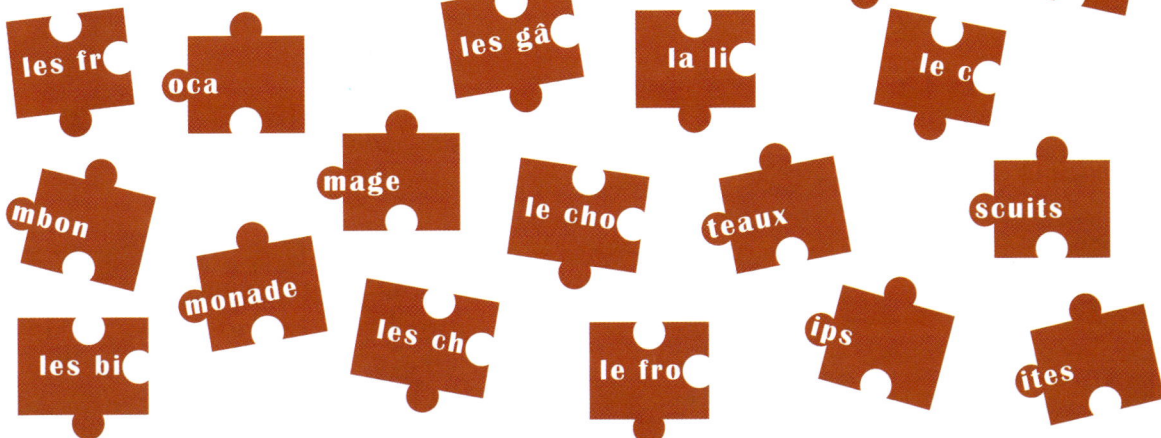

le ja

colat

les fr

oca

les gâ

la li

le c

mage

mbon

le cho

teaux

scuits

monade

les ch

les bi

le fro

ips

ites

4 Jeu: hésitation interdite!

A dit un magasin. B dit quelque chose qu'on achète dans le magasin –
sans hésiter!

A La boulangerie. Du pain! **B**

A Un point. La charcuterie. Euh... du jambon. **B**

A Tu as hésité! Zéro! Zut! **B**

5

Toi, tu organises une soirée 'couleur', comme Isabelle (exercice 2).
Choisis deux couleurs. Ecris ta liste de provisions, avec les magasins.

Exemple:

> Liste de provisions
> des pommes rouges – l'épicerie

6

Ecris à ton correspondant,
Robert. Décris ta soirée.
Réponds à ses questions:

◆ Pour t'aider, regarde la
description de l'exercice 2.

Rouen, le 10 mars

Salut,

Merci pour ta carte. J'ai eu un anniversaire
génial. J'ai reçu un chien de mes parents! Il
est vraiment mignon! Je t'envoie des photos.
Parle-moi de ta soirée. Tu as décoré la
maison? Tu as mis quels vêtements? Tu as
invité qui? Qu'est-ce que vous avez mangé et
bu à la soirée? Tu as dansé avec qui? C'était
bien, la soirée?

Amitiés,
Robert.

A ta santé!

Marc Saunier

A De la tête aux pieds

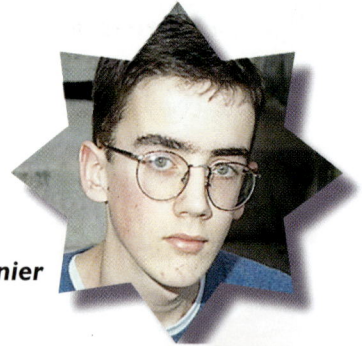

Samedi 15 mai

Dépêche-toi, Marc! Tu vas être en retard pour ton match de foot!

Je ne peux pas jouer aujourd'hui, maman. J'ai mal à l'estomac.

Mais tu es le gardien de but...

le gardien de but

1 Lis et écoute le roman-photo.
C'est vrai ou faux? Emploie le dictionnaire si nécessaire.

1 Marc est membre d'une équipe de football.
2 Marc est bien organisé ce matin.
3 Marc est malade.

2 a **Puzzle: le corps mystère**
Identifie les parties du corps!

Exemple: **1** C'est la tête de **Madonna**.

b Ecoute la cassette et vérifie tes réponses.

Grammaire	▶▶ p.146
la tête de Madonna – Madonna's head	
le bras **?** Madonna – Madonna's arm	

Frank Bruno

Mariah Carey

Naomi Campbell

Madonna

Steve Davis

Monica Seles

1 C'est la tête de qui?

2 C'est le bras de qui?

3 C'est la main de qui?

4 C'est l'estomac de qui?

5 C'est la jambe de qui?

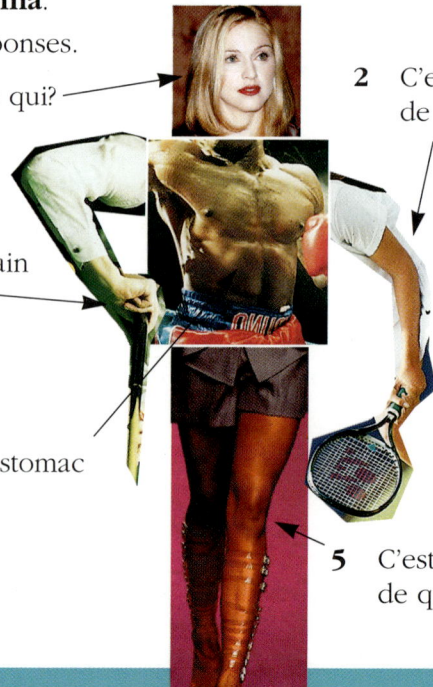

3 a Mimi ressemble à qui?

Exemple: Elle a **les yeux** de **sa mère**.

b Avec un(e) partenaire, comparez vos réponses.

les yeux

Mimi

son père

les oreilles

les dents

la bouche

sa mère

le nez

4 Cet équipement protège différentes parties du corps.
A deux, identifiez les parties du corps.

Exemple:

A Le numéro un. Ça protège les mains.

Oui, et le numéro deux, ça protège... **B**

1

2

3

4

5

6

7

8

9

5 Ecoute la cassette (1-6). Miko, le frère de Mimi n'est pas content!

a ◆ Note ses opinions sur son corps: ☺ ou ☹.

Exemple: **1** yeux ☹

♣ ◆ + Donne une raison pour ses opinions ☹.

Exemple: **1** yeux ☹ trop petits

b Ecris des phrases.

Exemple: Miko n'aime pas ses yeux (♣ parce qu'ils sont trop petits).

6 *A toi!* Imagine les opinions (sérieuses ou amusantes) de six célébrités!

Exemple: Pinocchio n'aime pas son nez (♣ parce qu'il est trop grand).

B J'ai mal...

Chez le médecin

Alors, Marc, qu'est-ce qu'il y a?

Euh, j'ai mal à la gorge.

Et il a mal à l'estomac aussi.

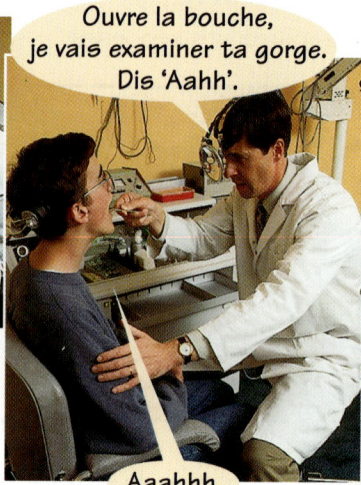

Ouvre la bouche, je vais examiner ta gorge. Dis 'Aahh'.

Aaahhh.

Non, je ne trouve rien. Ta gorge n'est pas enflammée, et tu n'as pas de température. Je ne comprends pas...

1 Lis et écoute la conversation.
Est-ce que les symptômes de Marc sont:

a) normaux *ou*
b) mystérieux?

Grammaire		▶▶ p.145
	singulier	*pluriel*
masc	normal	normaux
masc	mystérieux	mystérieux

2 Désastre! Chaque personne a un problème désastreux pour son métier!
Relie les huit personnes avec les métiers.

Exemple: **1** J'ai mal au pied = footballeur

1 J'ai mal au pied.

2 J'ai mal à la gorge.

3 J'ai mal au genou.

4 J'ai mal aux oreilles.

5 J'ai mal au doigt.

6 J'ai mal à l'œil.

7 J'ai mal aux pieds.

8 J'ai mal au dos.

Les métiers

secrétaire   chanteuse
skieur   footballeur
acrobate de cirque
guitariste de rock
pilote   top-modèle

3 Ecoute la cassette. Cinq patients parlent au médecin.
- ◆ Ils ont mal où?
- ♣ ◆ + Ils font quel travail? C'est un problème pour leur travail?

Grammaire ▶▶ p.144
J'ai mal...
au bras ? oreille
à la tête ? dents

4 Toujours des excuses! A ton avis, chaque excuse est-elle **bonne** ou **mauvaise**?!

Exemple: **1** A mon avis, c'est une **mauvaise** excuse!

1

Yvonne,
Je regrette, mais je ne peux pas aller à la discothèque avec toi, parce que j'ai mal à la main. J'ai fait ça samedi dernier en allant à la pêche.
Aurélie

2

Suzanne,
Je ne peux pas aller au bowling avec toi parce que j'ai très mal au dos, et je dois rester au lit. J'ai fait ça la semaine dernière en jouant au tennis. C'est dommage. Je suis vraiment désolée.
Nabila.

3

Je suis vraiment désolé, mais je ne peux pas jouer au foot cet après-midi. J'ai très mal au pied. Je suis tombé en faisant du vélo.

4

Maman, je ne peux pas aller au collège aujourd'hui. J'ai mal au genou. J'ai fait ça en sortant de la baignoire.

Grammaire ▶▶ p.104 ▶▶ p.150
J'ai fait ça   en jou**ant** au tennis
Je suis tombé(e)   en fais**ant** de la gymnastique
en sort ? de la baignoire

5 **A toi!** Jouez à deux. **A** propose des activités. **B** invente des excuses. Regardez l'exercice 4 pour vous aider. Ensuite, changez de rôle.

A Tu veux aller au bowling?
B Je suis vraiment désolé(e), mais je ne peux pas.
A Pourquoi?
B Parce que j'ai très mal aux doigts.
A Comment as-tu fait ça?
B J'ai fait ça hier en jouant au volley.

C La santé dans l'assiette

Le médecin a donné à Marc une brochure sur la nourriture et la santé.

Mangez bien, mangez équilibré!

VOICI LES PROPORTIONS IDÉALES DES CINQ GROUPES D'ALIMENTS, POUR UN RÉGIME ÉQUILIBRÉ:

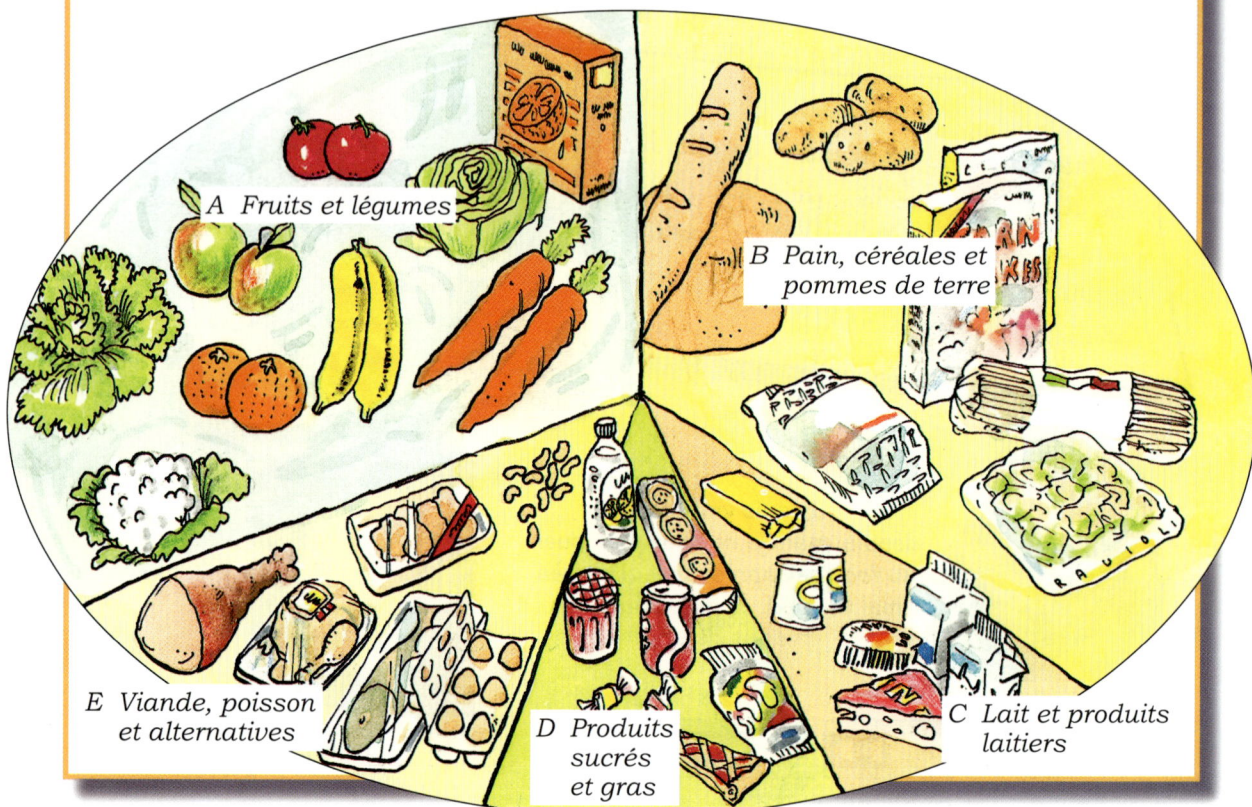

A Fruits et légumes

B Pain, céréales et pommes de terre

E Viande, poisson et alternatives

D Produits sucrés et gras

C Lait et produits laitiers

1 Recopie les mots dans les bons groupes.

- Emploie un dictionnaire pour t'aider.
- Note aussi si c'est masculin (m) ou féminin (f).

Exemple:

> A Fruits et légumes
> les pommes (f)

le jus de fruits   le riz

les pommes de terre   les bonbons

les tomates   les chips   les haricots secs   la salade   les bananes   le chou

le pain

les pommes   les œufs   le yaourt   les céréales   le fromage

la limonade   le poulet

les gâteaux   le beurre   le bœuf   le coca   le chou-fleur   les frites

les pâtes   les oranges   le jambon   le poisson   la confiture   les biscuits

2 Marc et Isabelle discutent de la brochure du médecin.

a Que mange Marc? Il en mange souvent? Prends des notes.

> **Stratégie**
>
> Attention! Tu n'entends pas toujours les mots exacts de la question!
> (Ici: les choses que Marc **mange souvent**)
> *Par exemple:*
>
> | ✓ | ✗ |
> |---|---|
> | **j'adore** ça | non, je n'en mange **jamais** |
> | j'en mange **tous les jours/** | je **déteste** ça |
> | **de temps en temps** | **c'est dégoûtant!** |

b Regarde les proportions dans la brochure. Marc mange bien, à ton avis?

Exemple:

A mon avis, Marc mange trop de…, de… (etc.). Il mange assez de…., mais il ne mange pas assez de…

> **Grammaire**   ▶▶ p.105
>
> | Tu manges du fromage? | Oui, j'**en** mange de temps en temps. |
> | Tu bois du coca? | Non, je n' **?** bois jamais. |

3 Interviewe ton/ta partenaire sur ce qu'il/elle mange et boit. Prends des notes.

A Tu manges des frites?

B Oui, j'en mange tous les jours.

A Tu manges de la viande?

B Non, je n'en mange jamais! Je trouve ça dégoûtant!

4 *A toi!* Note: • ce que tu **as** mangé et bu, ces cinq derniers jours
 • ce que tu **vas** manger aujourd'hui.

Exemple: Jeudi, pour le petit déjeuner, j'ai mangé…

Emploie un dictionnaire, si nécessaire.

5 Regarde: • la description de ton/ta partenaire (exercice 4)
 • tes notes de l'exercice 3
 • la brochure (p.102).

◆ Ecris des conseils pour ton/ta partenaire.

Exemples: Tu ne manges pas assez de…
 Tu devrais manger plus/moins de…

devrais – should

♣ ◆ + Justifie tes conseils.

Exemples: parce que…
 c'est mauvais pour les dents
 ça contient des vitamines

Fais des recherches et emploie un dictionnaire, si nécessaire.

D Grammaire

en ... ant (while/through ...ing)

J'ai mal au dos. J'ai fait ça **en faisant** de la gymnastique.	*I've got a bad back. I did it [**while**] **doing** gymnastics.*
Il a perdu son argent **en jouant** aux cartes.	*He lost his money [**through**] **playing** cards.*
En sortant de l'école, j'ai rencontré Pierre.	***Coming** out of school, I met Pierre.*

(nous) fais~~ons~~ → **en** fais**ant**
(nous) jou~~ons~~ → **en** jou**ant**
(nous) sort~~ons~~ → **en** sort**ant**

1 **Une visite scolaire.** Ecris une description logique.

En arrivant à Quimper,...   ... on a raconté des blagues.
J'ai eu peur...   ... en achetant de souvenirs.
J'ai acheté des cartes postales...   ... en quittant la cathédrale.
Je me suis fait mal au genou...   ... nous avons visité la cathédrale.
J'ai dépensé tout mon argent...   ... en montant la tour de la cathédrale.
Dans le car, en rentrant,...   ... en jouant au foot après le déjeuner.

2 Choisis au moins **cinq** des huit exemples.
Invente des phrases **ridicules** ou **amusantes**!
Si nécessaire, emploie un dictionnaire.

Exemple: **1** J'ai mal au dos. J'ai fait ça en
dormant sur un lit à clous.

◆
... J'ai fait ça en dormant sur un lit à clous.
J'ai rencontré ...
... en sortant du supermarché.
... en jouant au foot dans un musée.
... en nettoyant les toilettes.
... en dansant le limbo.
... en prenant une douche.
... en détournant un avion.
... en entrant dans la 'Maison Blanche'.

♣
J'ai mal au dos. J'ai fait ça...
Je suis tombé(e)...
J'ai mal aux dents...
J'ai rencontré Elvis Presley...
J'ai mal à la main...
J'ai dépensé tout mon argent...
Roméo a rencontré Juliette...
M. Marks a rencontré M. Spencer...

en (it/them/some/any)

• On emploie **en** pour ne pas répéter une expression [de + *un nom*].		
Tu manges **des frites**?	Oui, je mange souvent **des frites**. *Yes, I eat **chips** a lot.*	Oui, j'**en** mange souvent. *Yes, I eat **them** a lot.*
Tu bois **du coca**?	Non, je ne bois jamais **de coca**. *No, I never drink **coke**.*	Non, je n'**en** bois jamais. *No, I never drink **it/any**.*
Tu prends **de la viande**?	Oui, je prends **de la viande**. *Yes, I'll have **some meat**.*	Oui, j'**en** prends. *Yes, I'll have **some**.*
Anne fait **du sport**?	Oui, elle fait **du sport** quelquefois. *Yes, she plays **sport** sometimes.*	Oui, elle **en** fait quelquefois. *Yes, she plays (**it**) sometimes.*

Alain

Michel

3 a Imagine les réponses d'Alain à ces questions.

Exemple: **1** Oui, j'en mange tous les jours.

1 Tu manges souvent des frites?
2 Tu manges souvent de la salade?
3 Tu manges souvent des frites?
4 Tu manges souvent des fruits?
5 Tu manges souvent du chocolat?
6 Tu manges souvent des légumes?
7 Tu bois souvent du jus de fruits?
8 Tu bois souvent du coca?

b Maintenant, imagine les réponses de Michel.

Expressions utiles

tous les jours
souvent
de temps en temps
rarement
ne ... pas
ne ... jamais

4 Recopie et simplifie cette description, en utilisant **en**.

Isabelle aime le chocolat. Elle mange <u>du chocolat</u> tous les jours. Elle achète <u>du chocolat</u> en rentrant du collège. Par contre, elle n'aime pas le coca. Elle ne boit jamais <u>de coca</u>. Mais elle adore l'orangina. Elle boit souvent <u>de l'orangina</u>.

E Je déteste le sport!

Samedi 22 mai

Marc! Ton match commence dans une demi-heure!

Je ne joue pas. J'ai mal à l'estomac.

Hmm... Toujours le samedi matin... Allez, Marc, tu n'as pas vraiment mal à l'estomac! Qu'est-ce qui ne va pas?

Je déteste le foot! Je suis nul! Nous perdons toujours, et c'est toujours de ma faute!

1 Lis et écoute le roman-photo et lis les lettres.
Ecris les noms en deux listes:

aime le sport	n'aime pas le sport
	Marc

Les grands débats

Voici la question de Julie, une lectrice de Paris:

«Aimez-vous le sport?»

«C'est ma passion!»

«Salut Juju! Est-ce que j'aime le sport? Oui, bien sûr que oui! Le sport, c'est ma passion! Pour moi, le sport, c'est ma vie! Je suis dans un club de basket. C'est un sport d'équipe: c'est super. On fait des tournois, on se bat pour gagner, et ça marche car nous arrivons premiers!»
Guillaume, 13 ans

«Se détendre»

«Chère Julie, je suis une fana de sport. C'est un moyen de me détendre, sans penser à mes problèmes. C'est aussi un moyen de rencontrer de nouvelles personnes et de lier amitié avec elles. Je fais de l'athlétisme. J'adore ça, en plus c'est un bon moyen de garder la forme!»
Céline, 15 ans

«C'est bien, mais...»

«Salut, Julie! Moi, je ne suis pas très sportif, mais je regarde souvent le sport à la télé. Le sport, c'est bien, mais je préfère la musique.»
Pierre-Charles, 16 ans

«Ce n'est pas mon truc»

«Salut Julie! Moi, le sport, ce n'est pas mon truc. C'est tellement ennuyeux! J'aimerais être souple et bonne en sport, mais je suis nulle! Je dois être la dernière de ma classe en sport! Le sport, je peux m'en passer!»
Valentine, 14 ans

«Les sports individuels»

«Hello Julie!
Moi, je n'aime pas tous les sports. Je déteste les sports d'équipe. Quand je joue au foot, c'est toujours de ma faute si nous perdons! Je préfère les sports individuels, les sports de concentration. Je fais du tir à l'arc.
Sébastien, 14 ans

2 Note les noms. **Qui...**

 1 aime être spectateur? 2 se passionne pour le sport?
 3 trouve le sport relaxant? 4 pense que le sport n'est pas intéressant?
 ♣5 aime le sport le plus? ♣6 aime le sport le moins?

3 Recopie les expressions <u>soulignées</u> dans les lettres.
Ecris les expressions anglaises qui correspondent.

Exemple: je suis une fana de sport – I'm a fan of sport

◆

> sport is my passion
> I prefer individual sports I love it sport is my life
> I'm not very sporty I can live without sport
> sport's fine, but... I'm a fan of sport it's so boring
> sport isn't really my thing I hate team sports

Attention!

masculin:
un fana; sporti**f**

féminin:
un**e** fana; sporti**ve**

4 Ecoute la cassette (1-6). Marc discute de sport avec ses amis.

◆ Ils aiment le sport? (✓ ou ✗) Donne une raison.

 Exemple: 1 ✗ ennuyeux

♣ ◆ + Note d'autres détails.

 Exemple: 1 ✗ ennuyeux; a regardé un match de foot (score 0-0)

5 *A toi!* Ecris au magazine.
Donne ton opinion sur le sport
(les différents sports), et donne
tes raisons.

Exemple:

> Salut Julie!
> Le sport, <u>c'est ma passion!</u> <u>J'adore</u> la
> natation en particulier, parce que...

Stratégie

Ne dis pas toujours 'j'**aime**', 'je n'**aime** pas'.
C'est ennuyeux!
Emploie des expressions **variées** – c'est plus
intéressant!
(Regarde les exercices 3 et 4, et les lettres sur
la page 106 pour t'aider.)

6 *A toi!*

◆ Fais un sondage en classe.
Emploie les expressions de
l'exercice 3 pour répondre aux
questions!

 Exemple:

Sondage sur le sport	oui	non
Tu aimes les sports d'équipe?	ⅲ III	
Tu aimes les sports individuels?		
Tu aimes regarder le sport?		

A **Tu aimes les sports d'équipe?**

Ce n'est pas mon truc. B

♣ Travaillez à deux. **A** <u>adore</u> le sport, mais **B** <u>déteste</u> ça!
Chaque personne va essayer de persuader l'autre!

 • Préparez des notes individuellement: vos opinions sur le sport et vos raisons!
 Regardez les lettres (p.106) et employez un dictionnaire, si nécessaire.

 • Discutez ensemble. Quel est le résultat du débat? 1-0, 0-1 ou 0-0?

F Une question de sport

- Fais le quiz sans regarder les articles.
- Ensuite, lis les articles et trouve les réponses. Quel est ton score (sur 18 points)?

1 Les cinq anneaux du symbole des jeux Olympiques sont de quelles couleurs? (5 points)

2 Les premiers Jeux Olympiques *modernes* ont eu lieu dans quelle ville et en quelle année? (2)

3 *Wimbledon* est le célèbre tournoi de tennis à Londres. Quel est le tournoi parisien? (1)

4 Quel cycliste a gagné le Tour de France cinq fois de suite? (1)

5 De quelle couleur est le maillot (le T-shirt) du cycliste en première position? (1)

6 Quels sont les deux sports préférés des hommes en France? (2)

7 Quels sont les deux sports préférés des femmes en France? (2)

8 Quelles sont les quatre activités sportives préférées des Français de 10-15 ans? (4)

Grammaire ▶▶ p.112 ▶▶ p.146	
quel cycliste	**?** sports
? couleur	**quelles** couleurs

50 000 personnes pratiquent le parapente en France – 50% du total mondial de 100 000 personnes!

Les jeux Olympiques

C'est un Français, Pierre de Coubertin, qui a fondé les Jeux Olympiques modernes en 1896. Les premiers JO modernes ont eu lieu à Athènes, en Grèce, comme les Jeux de l'Antiquité.

L'emblème des JO, cinq anneaux, symbolise l'union des cinq continents. Les couleurs sont: bleu pour l'Europe, jaune pour l'Asie, noir pour l'Afrique, vert pour l'Océanie et rouge pour l'Amérique.

Jeu, set, et match

350 000 raquettes de tennis ont été vendues l'année dernière! Chaque année, pendant le tournoi de Roland-Garros, à Paris, les ventes augmentent. Le tournoi de Roland-Garros est maintenant l'événement le plus regardé par les Français à la télévision. (Avant, l'événement sportif préféré des Français était le Tour de France.)

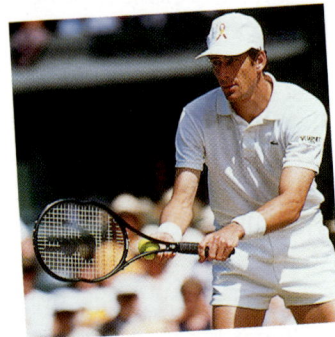

Le Tour de France

Le Tour de France est la compétition cycliste la plus importante du monde. Dans un des événements sportifs les plus durs, les cyclistes couvrent une distance d'environ 4 000 km en trois semaines, en passant par des montagnes comme les Alpes et les Pyrénées!

Chaque jour, le cycliste en première position au classement général porte le célèbre maillot jaune. Un des plus grands héros du cyclisme, l'Espagnol Miguel Indurain, a gagné le Tour cinq années consécutives.

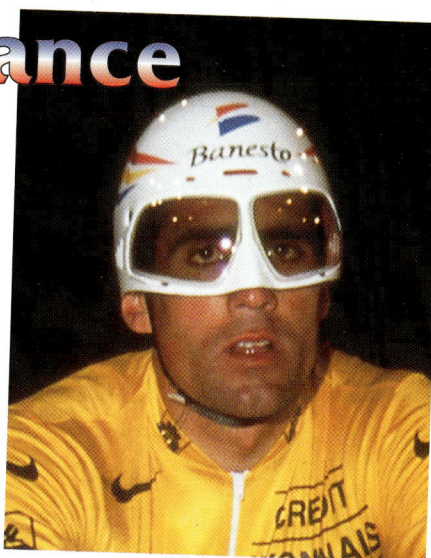

Les préférences des adultes en France

On joue aux boules dans les rues et les parcs.

	% hommes	% femmes
l'athlétisme	6,9	3,3
le basket	6,1	3,9
les boules	17,7	5,0
le cyclisme	23,8	12,6
l'équitation	3,2	3,5
le football	16,6	1,1
le golf	2,1	1,4
la gymnastique	6,8	20,7
le jogging	19,1	12,0
le judo/le karaté	3,4	0,9
la natation	25,3	22,7
la pêche (en eau douce)	12,8	1,7
le rugby	3,1	0,3
le ski de fond	10,0	6,9
le ski alpin	17,5	10,5
le tennis	22,0	10,1
le volleyball	8,2	4,5

Les sports les plus pratiqués par les 10-15 ans

Numéro un en France: le football.

40% des garçons jouent régulièrement au foot, en club, ou à la récréation. Numéro deux: la natation et la danse. Ces disciplines sont pratiquées par 3 filles sur 5. Ensuite, le judo, pratiqué surtout par les garçons.

Il faut ajouter des activités sportives qui ne sont pas pratiquées en club: 100 000 à 150 000 jeunes sont des fans de VTT; 50 000 préfèrent le skate-board ou les rollers.

G Le sport pour tous!

Je déteste le foot, et je déteste le sport!

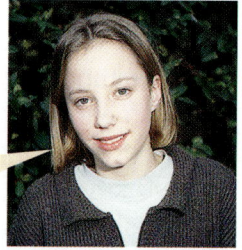

Mais, écoute! Le foot n'est pas le seul sport! Il y a toutes sortes de sport!

le rugby   le badminton   le cyclisme   le tennis   le cricket   le judo   le basket

l'escalade   le ski

le vélo tout terrain   la gymnastique   le volley   le tir à l'arc   l'athlétisme   le skate-board

l'équitation

le karting   la voile

le patin à glace

le tennis de table

la natation   la planche à voile   le jogging   la pêche   le patin à roulettes   l'aérobic

1 Relie les images aux mots qui se trouvent autour à la page 110.

Exemple: **a** – le patin à roulettes

Stratégie

Tu cherches une expression dans le dictionnaire? Ce n'est pas toujours le premier mot! Cherche plus loin.

Attention!
~ à l'arc = **tir** à l'arc
~ tout terrain = **vélo** tout terrain

Exemples:

> **tir** *nm* shooting; fire, firing; rifle range; **~ à l'arc** archery

> **vélo** *nm* bike; **faire du ~** to go cycling; **~ tout terrain (VTT)** mountain bike

---

2 Isabelle et Marc font le quiz d'un magazine.

◆ Peux-tu identifier les sports? Note les noms.
Ecoute les réponses et vérifie. Quel est ton score sur 8?

♣ ◆ + Invente un quiz similaire pour tes amis.

3 Jeu: contre la montre!

Jouez à deux ou trois.
En **quatre** minutes, combien de sports pouvez-vous noter pour ces catégories?

1 sports d'équipe
2 sports individuels
3 sports pratiqués avec un ballon
4 sports pratiqués sur des roues/roulettes

4

Stratégie

Pour apprendre des mots, écris des phrases complètes.
Idée! Ecris un poème ou un rap – c'est plus amusant!

Exemples: **A**

L'aérobic,
C'est très facile.
La gymnastique,
C'est difficile.
Je fais du jogging,
C'est assez bien!
Je fais du karting,
C'est super bien!

B

Je fais du tir à l'arc
Dans le parc.
Je fais du vélo tout terrain
Le matin.
Le karaté
Je peux m'en passer.
La natation,
C'est ma passion.

◆ Ecris un poème comme le poème **A**. Ecris dix lignes ou plus.
♣ Ecris un poème comme le poème **B**. Ecris douze lignes ou plus.

Attention!

• **jouer à:** les jeux (je joue au rugby/au volley/au badminton, etc.)
  faire de: les autres sports (je fais du judo/de l'aérobic/de la voile, etc.)
• N'oublie pas: du, de la, de l', des (▶▶ p.144).

H Grammaire

quel (which; what)

masculin singulier:	**Quel** cycliste a gagné?	**Which** cyclist won?
féminin singulier:	Tu arrives à **quelle** heure?	**What** time are you arriving?
masculin pluriel:	**Quels** sont tes sports préférés?	**What** are your favourite sports?
féminin pluriel:	Tu as visité **quelles** villes françaises?	**Which** French towns have you visited?

1 a Trouve les mots qui manquent: quel/quelle/quels/quelles.
b Fais le quiz.

année (*nf*)
ceinture (*nf*)
couleur (*nf*)
équipe (*nf*)
pays (*nm*)
sport (*nm*)

1 _____ équipe a participé aux Jeux-Olympiques pour la première fois en 1992?

   a) la Chine   b) l'Afrique du Sud   c) l'Allemagne

2 Marie-Jo Pérec est médailliste en _____ sport?

   a) le ski alpin   b) l'athlétisme   c) le judo

3 Les JO ont eu lieu à Londres en _____ année?

   a) 1948   b) 1974   c) 1994

4 Le drapeau français est de _____ couleurs?

   a) vert, blanc et rouge
   b) bleu, blanc et rouge
   c) rouge et blanc

5 Greg Rusedski a joué au tennis pour _____ pays?

   a) la Russie et la Grande-Bretagne
   b) les Etats-Unis et la Grande-Bretagne
   c) le Canada et la Grande-Bretagne

6 _____ est la première ceinture en judo?

   a) noire   b) rouge   c) blanche

2 Invente des questions (en utilisant **quel**, etc.), puis interviewe ton/ta partenaire. Combien de choses avez-vous en commun?

Exemples: **Quel est** ton groupe préféré?
Quels sont tes passe-temps préférés?

Voici des idées:

ton chanteur   ton sport   tes vêtements (*nm*)
ta chanteuse   ton émission de télé (*nf*)   ton équipe de foot (*nf*)
ta boisson   ton film   tes légumes (*nm*)   ton livre   tes acteurs (*nm*)
ton fruit

avoir besoin de

nous **avons besoin d'**argent	**we need** (some) money
j'**ai besoin d'**un vélo	**I need** a bike
tu **as besoin de** quoi?	what do **you need**?

3 ◆ Tu fais un pique-nique. Tu as besoin de quoi?
Fais une liste de six choses ou plus.

Exemple: J'ai besoin **de** coca, **d'une** bouteille de...

♣ ◆ + S'il fait mauvais, tu **auras** besoin de quoi? Et s'il fait beau?

Attention! C'est le futur!

4 Marc fait des crêpes. Regarde la recette à la page 45.

1 Il a besoin de quel matériel?

2 Il a besoin de quels ingrédients?

Prononciation: l'accent

Mots à deux syllabes prononcés, comme 'sa – lade'; 'foot – ball'

En anglais: on met l'accent sur la **première** partie.
En français: on met l'accent sur la **deuxième** partie.

A Ecoute la cassette. Tu entends la prononciation anglaise, puis française.

Prononciation anglaise: **foot**ball **te**nnis **rug**by **ju**do **sa**lad **gâ**teau **ca**rrots

Prononciation française: foot**ball** tenn**is** rug**by** ju**do** sal**ade** gâ**teau** car**ottes**

B Ecoute et répète ces mots français:

basket volley jogging yaourt coca orange

télé Paris musique Madame café acteur

C Voici de nouveaux mots.

a Essaie de prononcer les mots correctement.
Pense à l'accent. Pense aussi aux autres principes de prononciation.

 un melon

 une cerise

 du raisin

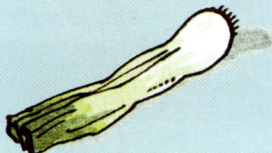 un poireau

 un poivron

 le saumon

b Ensuite, écoute la cassette et répète les mots.

I L'équipement essentiel

Marc, on fait une promenade à vélo. Tu viens?
Je ne peux pas. Je n'ai pas de vélo.
Tu peux emprunter le vélo de mon cousin.
Euh... je ne sais pas.
Allez, Marc! Viens avec nous. Ça va être génial!
Bon, ben... d'accord!

1 **a** Lis et écoute la conversation ci-dessous. On discute de l'équipement nécessaire. Si nécessaire, cherche les mots soulignés dans le dictionnaire.

b Trouve et recopie les équivalents:
I'm going to bring, we need, you never know, too heavy, useful.

c Tu es d'accord avec quelles suggestions? Qui est un peu excessif?

1 Qu'est-ce que nous allons emporter? Nous avons besoin d'une carte, bien sûr, et d'argent.
2 Oui, c'est essentiel. Nous avons besoin d'un pique-nique.
3 Moi, je vais emporter mon appareil-photo, mes lunettes de soleil... et un K-way. On ne sait jamais...
4 Nous avons besoin d'une trousse de secours et de Kleenex.
5 Nous n'avons pas besoin de ça! C'est trop grand et trop lourd!
6 Mais une trousse de secours c'est utile s'il y a un petit accident. Nous avons aussi besoin d'un couteau suisse et d'une lampe de poche.
7 Quoi?! Fatima, tu exagères! On ne fait pas un safari dans la jungle!

Grammaire ▶▶ p.113 ▶▶ p.144

nous **avons besoin d'**argent
j' **?** **besoin d'**un K-way

2 Pendant les vacances, tu sors avec des amis.
Vous avez besoin de quoi?

◆ Prépare des notes pour lundi – jeudi (voir p.114).

♣ ◆ + Vendredi et samedi (tu auras besoin d'autres
mots).

> *lundi : promenade à la campagne*
> *mardi : visite d'un musée*
> *mercredi / jeudi camping à la campagne*
> *vendredi tennis dans le parc*
> *samedi soirée chez moi*

Expressions utiles
Lundi: **nous avons besoin** d'un...
un _____, **c'est essentiel**
un _____, **c'est toujours/assez utile**

3 Ecoute la cassette (1-3). Des jeunes font des projets.

a **Identifie les activités!** Pour t'aider, prends des notes:

◆ Qu'est-ce qu'ils décident d'emporter?

Exemple: **1** ✓ K-ways

♣ ◆ + Qu'est-ce qu'ils décident de **ne pas** emporter? Pourquoi?

Exemple: **1** ✗ raquettes de tennis – trop lourdes

b Ecoute la cassette et vérifie les activités.

4 *A toi !* Travaillez en groupe. Pour chaque situation:

• discutez du matériel essentiel/utile

• écrivez une liste.

Les situations

1 Vous êtes abandonné(e)s sur une île déserte.	**2** Vous faites un tour du monde.

Alors, l'argent, c'est complètement inutile! Mais nous avons besoin d'une trousse de secours.

A mon avis, une lampe de poche, c'est utile aussi.

Oui, ça, c'est essentiel!

Bonne idée!

Stratégies
Si nécessaire...
• demande à ton/ta prof: «Pardon, Monsieur/Madame. Comment dit-on 'matches'?» «On dit 'allumettes'.»
• ou regarde dans le dictionnaire: **battery** *n* batterie *f*; (*torch*) pile Choisis le bon mot.

J Premiers secours

1 a Regarde le roman-photo. Qui dit quoi?

Exemple: **1 c**

a «Au genou.»   b «Tu vois? Une trousse de secours, c'est utile après tout!»

c «Aïeeee!»   d «Tu as mal où?»

b Ecoute la cassette pour vérifier tes réponses.

2 a Relie les mots aux images.

b Quels objets y a-t-il normalement dans une trousse de secours? Fais une liste.

c Comparez vos listes à deux.

> Si possible, devine les mots en regardant la photo. Emploie un dictionnaire si nécessaire.

> de l'argent   une lampe de poche
> de la gaze   du sparadrap
> du savon   une paire de ciseaux
> du coton hydrophile   un stylo
> du paracétamol   des Kleenex
> une bande   du désinfectant

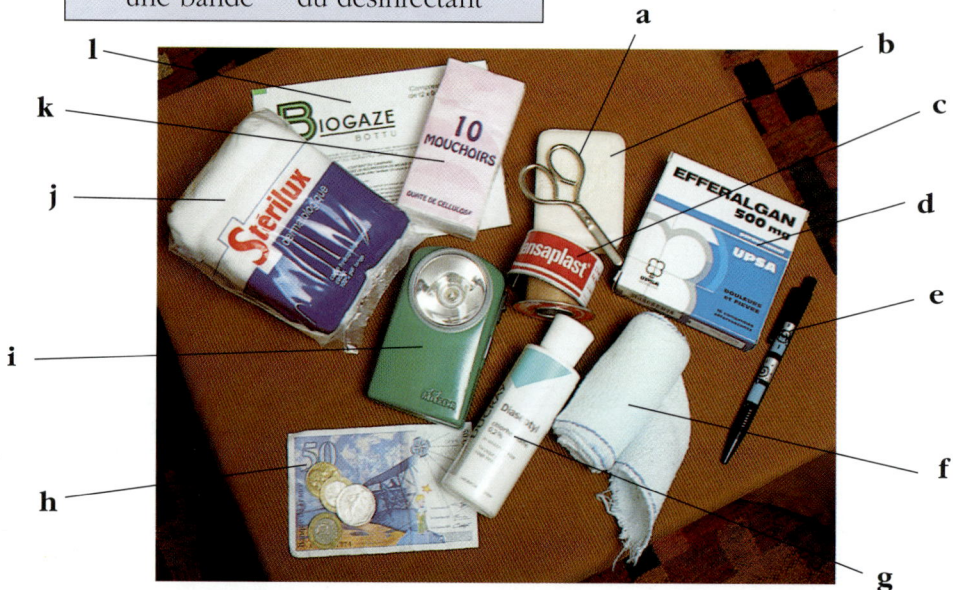

3 **a** Relie les images (**1–5**) aux textes (**a–e**).

b ◆ Note la lettre des objets de la trousse de secours (exercice 2).

Exemple: **1 g**, …

♣ Ton ami, qui ne parle pas français, te pose une question. Trouve les informations dans les textes et réponds-lui **en anglais**. Si nécessaire, emploie un dictionnaire.

Roughly what should you do for a cut, for a burn, for sunstroke and for a sprained knee?

Stratégie

a Pour trouver le bon texte pour chaque image:
- lis les textes assez rapidement
- cherche des mots-clés
- il n'est pas nécessaire de comprendre chaque mot!

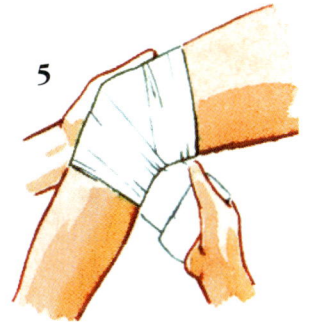

1

3

2

4

5

a | Passe l'endroit brûlé sous l'eau froide pendant au moins dix minutes. Si la brûlure est grave, va voir un médecin.

b | Fais un pansement de gaze stérile retenu par du sparadrap.

c | Pour les foulures (par exemple: au genou, à la cheville), mets une bande.

d | Une insolation est provoquée par une trop longue exposition au soleil. Il s'agit d'une déshydratation. Etends le malade à l'ombre. Applique-lui des compresses froides. Donne-lui à boire de l'eau légèrement salée ou sucrée, ou mieux, du jus de fruit.

e | Pour une coupure profonde, va voir un médecin. Si c'est une coupure superficielle: nettoie bien avec du coton hydrophile et du désinfectant.

K Une journée spéciale

1 a Marc décrit la journée. Regarde les illustrations et complète les phrases dans ton cahier.

Exemple: 1) mes copains

b Ecoute la cassette et vérifie.

Hier, j'ai fait une promenade à vélo avec 1) . On est allé de Rouen à Dieppe. Tout d'abord, j'ai emprunté 2) du cousin d'Olivier. J'ai emporté mon 3) , 4) et 5) .

Je suis parti 6) . Il faisait 7) . Le matin, j'ai fait 8) 20Km .

Olivier est tombé de 9) . Après ça, on a déjeuné dans 10) . Fatima a laissé son casque 11) , donc nous sommes retournés le chercher.

Ensuite, on a 12) un vieux château assez intéressant. J'ai acheté des badges et des 13) Après ça, j'ai eu un problème avec mon vélo 14) **2** fois!

On est arrivé à Dieppe 15) . Moi, j'ai passé une heure sur la plage avec Alexandre. Ensuite, 16) au Lunaparc avec les filles.

Finalement, on est rentré à Rouen en train. J'ai passé une journée vraiment super, mais fatigante!

2 Quelles images sont fausses? Explique pourquoi.

a b c d

e f g

Stratégie

Quatre expressions utiles pour raconter une histoire:
tout d'abord – first of all   **après ça** – after that   **ensuite** – next   **finalement** – finally

3 Ecoute la description d'un mariage typique en France.

a Note les lettres des images dans le bon ordre.

b Réécoute, et compte les expressions du tableau **Stratégie** (p.118).

a   b   c   d

e   f   g

4 **Jeu!** En groupe, décrivez une journée.
Chaque personne dit une phrase.
Vous pouvez continuer pendant combien de minutes?

Exemple:

A   **Hier**, je suis allé au parc avec mes copains.

B   **Le matin**, il faisait chaud.

C   **Tout d'abord**, on a joué au football.

A   **Ensuite**, on est allé au Lunaparc.

Attention!

Chaque personne doit commencer avec une expression de temps!

Après ça...
L'après-midi...
A trois heures...

etc.

5 Ecris la description de la journée de Marc.

♦ Décris ce que **Marc** a fait.

Exemple: **Il a** fait une promenade...

♣ Décris ce que **Marc et ses amis** ont fait.

Exemple: **Ils ont** fait une promenade...

Exercices 5 et 6:
• Ecris tes descriptions sur l'ordinateur.
• Demande à ton/ta partenaire de les vérifier.
• Corrige tes descriptions.

6 *A toi!* Invente une description pour ce concours!

Concours!

Décris un super anniversaire que tu as eu!

Premier prix:
3 000F

Stratégie

Pense à la structure. Ecris en paragraphes:

Exemple:
(la description de Marc)

• introduction   – «Hier, j'ai fait une promenade à vélo.»

• 1ère partie   – le matin
• 2ème partie   – la visite du château
• 3ème partie (etc.)   – l'arrivée à Dieppe
• conclusion; opinion   – la rentrée; «J'ai passé une journée super!»

L Atelier

Stage sportif

WEEK-END POUR LES JEUNES DE 13 À 18 ANS

- **Activités** Les activités, nombreuses et variées, sont organisées par des moniteurs qualifiés sous forme de mini-stages, chacun d'une demi-journée. Chaque jeune peut sélectionner quatre mini-stages.
- **Hébergement** Le Centre Chevalier est au cœur du village. Les chambres sont de 4 et 5 lits. WC et douches à chaque niveau. Agréable salle à manger.

Pour tous renseignements – téléphoner: 02.35.23.54.11

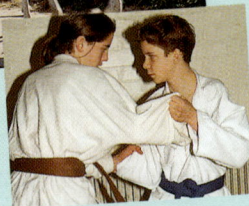

Stratégie

Parfois, un mot français ressemble à un mot anglais, mais le sens est **complètement différent**! Ça s'appelle un 'faux ami'.
Par exemple, 'un stage' en français n'est pas 'a stage' en anglais.
Considère **toujours** le contexte! Si nécessaire, consulte un dictionnaire.
(Ici, cherche 'stage', 'moniteur', 'journée'.)

1 Lis la publicité et réponds aux questions.
  1 C'est un stage pour qui?
  2 C'est pour combien de jours?
  3 Les jeunes choisissent combien de sports?
  4 Le centre est loin du centre du village?
  5 Est-ce qu'on partage les chambres?
  6 Y a-t-il une salle de bains dans chaque chambre?

partager – to share

2 Ecoute la cassette. Une Française, Carole, téléphone au centre. Fais une liste des sports qu'on peut faire.

3 Discute des sports avec ton/ta partenaire.
Qu'est-ce que vous allez faire (et pourquoi): samedi matin et après-midi? dimanche matin et après-midi?

Exemple:
A Eh bien moi, je vais faire de l'équitation samedi matin. J'adore les chevaux.
B L'équitation, ce n'est pas mon truc. Moi, je vais choisir le basket. J'adore ça.
A Moi, je n'aime pas les sports d'équipe. Samedi après-midi, je vais jouer au...

4 Carole discute des choses à emporter avec sa mère.
Ecoute la cassette et note dans chaque catégorie: ◆ trois choses
♣ cinq choses

à manger/boire	équipement sportif/vêtements	autre

5 A deux, discutez des choses que chacun(e) va emporter.
Pensez aux sports que vous avez choisis (exercice 3).
Chaque personne doit faire une liste.

Exemple:

A Je vais emporter mon maillot de bain, parce que je vais faire de la natation.

B Moi, je vais emporter ma raquette de tennis et mes baskets...

6 ◆ C'est dimanche soir.
• Lis la carte postale.
Est-ce que Carole a préféré les sports d'équipe ou les sports nautiques?

• Ecris une carte postale similaire à ton/ta correspondant(e) français(e).

Salut,

Ce week-end j'ai fait un stage sportif. Samedi matin, j'ai fait de la voile sur le lac. C'était vraiment super. L'après-midi j'ai fait de la planche à voile. C'était super chouette!

Aujourd'hui, j'ai joué au volley. C'était assez bien. Après ça, j'ai joué au basket, mais c'était un peu ennuyeux.

Amitiés,
Carole

♣ C'est samedi soir. Ecris une lettre à ton/ta correspondant(e) français(e). Pour t'aider, réponds à ces questions:

Qu'est-ce que tu **as fait** aujourd'hui?
Il faisait beau?
C'était bien?
Qu'est-ce que tu as mangé et bu?
Qu'est-ce que tu as fait le soir? Avec qui?

C'est bien, le centre?
Tu partages ta chambre? (Si oui, avec qui?)

Qu'est-ce ce que tu **vas faire** demain?

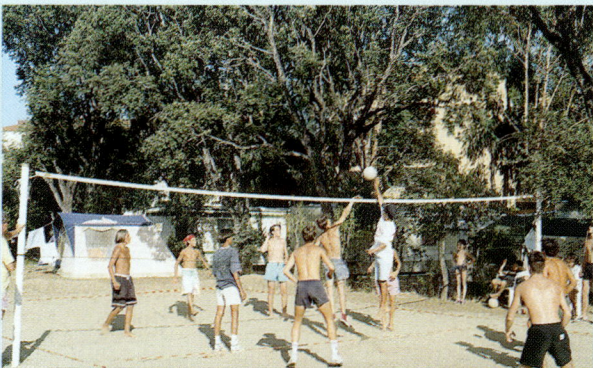

Vivent les loisirs!

A Tu as un petit job?

Fatima Hamed

Salut, Fatima. Je te présente Katy, ma correspondante anglaise.

Bonjour, Fatima.

Salut.

Ça va, ton petit job, Fatima?

Oui! On m'a payée hier! J'ai acheté ce T-shirt.

Il est super. Moi, je n'ai pas d'argent...

Et toi, tu travailles, Katy?

Oui. Je distribue des journaux. Mais mon prof dit que les jeunes en France ont rarement un job. C'est vrai?

– Tu travailles, Alexandre?
– Pas vraiment... Parfois, je fais du baby-sitting.
– Où ça?
– Chez ma tante. Mais je fais ça seulement de temps en temps, pas chaque semaine.
– Tu gagnes combien?
– Pas beaucoup! Soixante francs, c'est tout. Mais ce n'est pas dur!

– Tu as un job, Delphine?
– Non, je n'ai pas de job. Je reçois de l'argent de poche, mais je dois aider à la maison.
– Quand?
– Eh bien, je fais la vaisselle tous les jours, je fais les courses de temps en temps... Mais ma sœur, elle ne fait rien pour aider. Ce n'est pas juste!

Katy pose des questions à tout le monde.

– Tu travailles, Marc?
– Non.
– Pourquoi?
– Pour moi, mon temps libre est plus important que l'argent!
– Tu reçois de l'argent de poche?
– Oui, de mon père.
– Tu n'aides pas dans le magasin de tes parents, le week-end?
– Non, ils pensent que je fais mes devoirs!

– Fatima, tu travailles où?
– Je travaille au *Quick*.
– Quand est-ce que tu travailles?
– Je travaille le samedi soir, le mercredi après-midi et le vendredi, après l'école.
– Tu gagnes combien?
– Je gagne 55 francs de l'heure.
– Pourquoi travailles-tu?
– Eh bien, pour l'argent. J'ai plus d'indépendance. En plus, j'aime les gens. On s'amuse bien!

1 Lis et écoute les conversations.

◆ Ecris le(s) nom(s).

Qui...

1 ne travaille pas?
2 travaille régulièrement?
3 travaille de temps en temps?
4 reçoit de l'argent de poche?
5 gagne le plus au travail?

♣ ◆ + Ecris des phrases:

6 Pour Fatima, quels sont les avantages du travail?
7 Pour Marc, quels sont les inconvénients du travail?

Exemple: **6** Fatima travaille pour l'argent. Elle a plus...

2 Ecoute les six conversations. Note l'information sur une grille.

argent de poche? (oui/non)	petit job? (oui/non)	si oui...			♣ pourquoi il/elle (ne) travaille (pas)
		quoi?/où?	quand?	gagne combien?	
1					

3 *A toi!* Interviewe **quatre** camarades de classe pour ton magazine scolaire.

Grammaire ▶▶ p.128 ▶▶ p.146
où? quand? combien? etc.

a Ecris une liste de questions.

Idées:

argent de poche – quand? qui?
qu'est-ce qu'ils font de l'argent?

job – pourquoi (pas)? quoi? où? quand? combien?
opinion? autres détails (histoires amusantes?)
(s'ils ne travaillent pas, qu'est-ce qu'ils font?)

b Fais les interviews, et prends des notes.
c ◆ Ecris les questions et réponses (comme à la page 122).
♣ Ecris un article.

Exemple:

Sonia ne travaille pas. Pour elle, son temps libre est plus important que l'argent. Elle préfère faire du sport. Le lundi, par exemple...

4 *A toi!* Un petit job à 14 ans: c'est une bonne idée?

pour elle – for her
pour lui – for him

a Quelle est ton opinion?
Prépare des notes.
Pour justifier ton opinion:
◆ regarde la page 122.
♣ emploie un dictionnaire.

b Discutez de la question en groupe de trois ou quatre.
Quelle est l'opinion de la majorité?
Comparez avec les autres groupes.

Stratégie

En discutant, emploie ces expressions clés:
à mon avis
je suis d'accord
je ne suis pas d'accord
c'est vrai
ce n'est pas vrai

B Mimi, baby-sitter

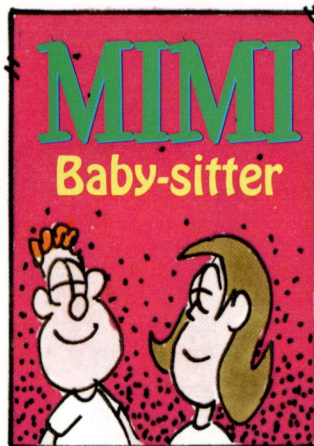

Pour se faire un peu d'argent de poche, Mimi fait du baby-sitting chez les voisins du dessus...

Kévin, je te présente Mimi, qui va te garder ce soir.

Elle est très gentille, tu verras, je suis sûr que vous allez vous entendre tous les deux...

Oh! Il est mignon

Bonjour Kévin!

B'zour Mimi!

KEVIN!!

REVIENS ICI!!

9H 30...

BON SANG! LA LAMPE!

11H...

Hi! Hi! Mimi! Hi! Hi!

KEVIN! Descends de là, tout de suite!!

Minuit...

KRIK! KRAK! !?

Expressions utiles

tellement mignon – so cute, sweet
dodo – bed (*children's language*)
on se demande – we wonder

1 Lis la BD.

a Choisis un autre titre pour la BD:
«Un job facile»
«Le baby-sitting, c'est dur!»
«Mimi gagne de l'argent de poche»

b A ton avis, que dit Mimi à ses amies?

1 «Je ne ferai plus jamais du baby-sitting!»
2 «C'était facile.»
3 «Je ne ferai plus jamais du baby-sitting chez les voisins!»

c A ton avis, que pense Mimi de Kévin?

1 «Il est tellement mignon.»
2 «C'est un garçon typique.»
3 «C'est un petit monstre!»

Bon, je vous ai tout dit, s'il y a un problème, appelez au numéro que je vous ai laissé. Mais je suis sûre que tout ira bien, il est tellement mignon!

Allez chérie, on va être en retard!

Ne vous inquiétez pas, passez une bonne soirée!

Bon, on va aller au dodo, maintenant!

NAAARNN

Ooh. Il dort comme un ange!

Il est adorable, n'est-ce pas!

Vu le caractère de Kévin, on se demande pourquoi on paie une baby-sitter!

!!!

Hello! Alors, tout s'est bien passé?

Ha! Ha! Il est tellement mignon!

2 ◆ Recopie ces phrases dans le bon ordre pour faire un résumé de la BD.

a Il casse une lampe.
b Les parents paient Mimi.
c Le bébé dit «au revoir» à ses parents.
d Mimi crie, mais Kévin ne descend pas du lustre.
e Mimi rentre chez elle, très fatiguée.
f Quand ses parents sont partis, Kévin ne veut pas se coucher.
g Quand ses parents rentrent, Kévin va immédiatement au lit.
h Mimi arrive chez les voisins.

♣ Choisis **a** ou **b**:

a Invente une autre BD.

b Mimi écrit à son amie. Imagine la lettre!
Pour t'aider, regarde les phrases au dessus (**a-h**). N'oublie pas d'employer le passé composé.

Exemple:

J'ai fait du baby-sitting ce soir. C'était vraiment affreux! Je suis arrivée chez les voisins à huit heures. Le bébé s'appelle...

présent	passé composé
il ne veut pas	il n'a pas voulu
ils paient	ils ont payé

C Quels sont tes passe-temps?

A chacun ses loisirs!

Choisis un passe-temps idéal

A Tu es actif(ve)

A toi tous les sports, du handball au tir à l'arc. Tu peux aussi essayer les arts martiaux (judo, aïkido). Si tu t'intéresses à la nature, pourquoi ne pas faire des randonnées à la campagne, ou même t'inscrire dans un club d'alpinisme ou de spéléologie, si tu as le goût de l'aventure? Ou bien devenir guide ou scout.

B Tu es créatif(ve), adroit(e)

Avec toi, la vie n'est jamais ennuyeuse! Tu te passionnes pour les activités artistiques. Tu es membre d'un club de théâtre. Tu es doué(e) en dessin – tu adores passer une journée à la campagne à faire de la peinture ou des croquis. Ou bien tu es adroit(e) de tes mains: tu aimes bricoler, faire du modélisme. Pourquoi ne pas essayer la photographie?

C Tu as l'esprit musical

Tu aimes écouter de la musique, aller aux concerts. Tu adores aussi y participer: tu chantes dans une chorale, peut-être, ou tu apprends à jouer d'un instrument de musique. Tu joues dans l'orchestre scolaire, ou tu es membre d'un groupe de rock. Pourquoi ne pas apprendre à jouer d'un instrument un peu différent, comme le saxophone? Et as-tu essayé de composer de la musique, ou d'improviser?

D Tu es solitaire

Tu préfères les activités qu'on fait tout seul, ou avec un seul partenaire. Tu adores la lecture, peut-être, la télévision, ou les jeux vidéo. Tu collectionnes quelque chose? Les timbres, les badges, les autocollants de football? Tu aimes jouer sur ton ordinateur? Tu pourrais essayer d'écrire des programmes simples, ou de faire la critique de différents jeux vidéo pour tes amis.

1 Lis l'article. On parle de quatre catégories, avec des exemples.

◆ Tu as des passe-temps dans quelle(s) catégorie(s)?

♣ ◆ + Adapte ces expressions pour parler de toi-même.

Exemple: je m'intéresse à...

1	«tu t'intéresses à...»	**4**	«tu te passionnes pour...»
2	«tu préfères...»	**5**	«tu apprends à...»
3	«tu adores...»	**6**	«tu es membre d'un club de...»

Vérifie le sens dans le dictionnaire!

69 **2** A deux, discutez des six amis.

Ils ont des passe-temps dans quelle(s) catégorie(s)?

Exemple:

A

> Isabelle: Elle a l'esprit musical. Elle fait de la danse et elle joue d'un instrument de musique.

> Oui, mais elle est active, aussi. Elle fait de la danse, c'est actif, ça.

B

> Je ne fais pas de sport. Je fais de la danse, et je joue de la guitare.

Isabelle

> Je suis membre d'une chorale, et je fais du théâtre. J'aime me détendre devant la télé, aussi.

Fatima

> Je fais souvent des randonnées à la campagne. Parfois, je fais de la peinture, aussi.

Delphine

> Je fais du sport, et je collectionne les autocollants de football.

Olivier

> Je vais à la pêche de temps en temps. Le week-end, je me lève très tard!

Marc

> Le soir, je ne fais pas grand-chose. J'écoute de la musique tout le temps. Le week-end, je bricole.

Alexandre

3 **a** Ecoute la cassette: ◆ 1-5 ♣ 1-7.

Note les passe-temps de chaque personne.

b Regarde l'article (p.126), et note la(les) catégorie(s) qui correspond(ent).

4 *A toi!* Tu cherches un(e) correspondant(e) français(e).

Ecris ton nom, ton âge, et décris tes passe-temps. Si nécessaire, emploie un dictionnaire.

◆ Regarde le profil de Fatima pour t'aider.

> NOM: Fatima Hamed
> AGE: 16 ans
> PASSE-TEMPS: Je joue du piano et je suis membre d'une chorale. Le samedi j'aime faire les magasins avec ...

Idée!
Faites des affiches pour la salle de classe. Décrivez vos passe-temps. Ajoutez des photos ou des dessins.

♣ Emploie des expressions variées, comme dans l'exercice 1.

Stratégies

- Choisis le bon mot.
  I collect stamps:

  > **stamp** 1 (*n*) timbre *m*; empreinte *f*; cachet *m*
  > 2 *v* taper

  n = noun = définition 1

- C'est 'timbre', 'empreinte' ou 'cachet'? Vérifie dans la section français-anglais.

  > **timbre** *n m* stamp; (postage) stamp; (*music*) timbre, tone

- N'oublie pas la grammaire!

  > **violin** *n* violon *m*

  m = masculin (**le** violon)
  → je joue **du** violon

D Grammaire

Les questions

qui?	*who?*	Tu travailles avec **qui**?
quand?	*when?*	**Quand** est-ce que tu finis?
où?	*where?*	Tu travailles **où**?
combien?	*how much?*	Tu gagnes **combien** d'argent?
	how many?	Tu fais **combien** d'heures par semaine?
pourquoi?	*why?*	**Pourquoi** aimes-tu ton travail?
comment?	*how?*	**Comment** vas-tu au travail? En bus?
	what?	**Comment** s'appelle le café où tu travailles?
	what like?	Les gens sont **comment**?
qu'est-ce que?	*what?*	**Qu'est-ce que** tu fais, exactement?
quel(le)?	*which?*	Tu travailles dans **quel** café?
	what?	Tu commences à **quelle** heure?

1 ◆ Relie les questions et les réponses, pour faire une interview avec Fatima.

1 **Comment** vas-tu au collège?
2 **Pourquoi**?
3 **Quelle** est ta matière préférée?
4 **Qui** est ton professeur?
5 Elle est **comment**?
6 Tu as **combien** d'heures de devoirs?
7 **Quand** fais-tu tes devoirs?
8 **Où** fais-tu tes devoirs?
9 **Qu'est-ce que** tu fais après le collège?
10 C'est **quel** club?

A   Je vais au club.
B   Après le dîner.
C   En bus.
D   Parce que le collège est à 5 km.
E   Dans ma chambre.
F   Le français.
G   Elle est vraiment sympa.
H   Le club d'informatique.
I   J'ai une heure par jour.
J   Madame Longy.

2 ♣ **a** Trouve les bons mots, puis réponds aux questions.

1 Tu as _____ de frères et de sœurs?
2 Ils s'appellent _____?
3 Tu vas au collège avec _____?
4 Tu rentres du collège à _____ heure?
5 _____ fais-tu tes devoirs? Dans le salon?
6 _____ fais-tu tes devoirs: avant ou après le dîner?
7 Tu reçois _____ d'argent de poche?
8 _____ te donne de l'argent de poche?
9 _____ tu achètes?

♣ **b** Ecris cinq questions (ou plus) que tu aimerais poser à ta star préférée.
Emploie des mots **différents** (qui, quand, où, etc.).

Pourquoi les pompiers portent-ils des bretelles rouges? Pour retenir leur pantalon.

jouer à, jouer de

jouer **à** + jeu	je joue **au** basket il joue **aux** cartes	*I play basketball* *he's playing cards*
jouer **de** + instrument de musique	je joue **de la** batterie elle joue **du** clavier	*I play the drums* *she plays keyboards*

3 ◆ Choisis les mots corrects.

– Tu as un petit job?
– Non, je n'ai pas le temps. Je joue dans un groupe.
– Tu joues 1) <u>à la/de la</u> guitare?
– Non, je joue 2) <u>à la/de la</u> batterie. Et le samedi, je joue 3) <u>au/du</u> rugby.
– Tu joues 4) <u>au/du</u> foot, aussi?
– Non, mais en été, je joue 5) <u>au/du</u> handball. Et toi, tu joues 6) <u>à/d'</u>un instrument de musique?
– Oui, je joue 7) <u>au/du</u> piano, mais j'aimerais jouer 8) <u>au/du</u> clavier dans un groupe.

♣ Quiz! Qu'est-ce qu'ils font? Ecris des phrases.

Exemple: Suzanne joue au badminton.

> **Mots utiles**
>
> le badminton   le basket   la batterie
> les boules   le clavier   la guitare
> le piano   le rugby   le violon   le golf

Suzanne

Nicolas

Evelyne

Alain

Sabine

Hervé

Camille

Didier

Samia

Mathieu

4 En groupe, inventez un quiz pour un autre groupe.

Exemple:

Faites des phrases correctes:		
David Beckham Nigel Kennedy Phil Collins	joue	de la batterie au football du violon

E Tu fais ça souvent?

Mercredi matin

Tu vas aller au club des jeunes cet après-midi?

Non. Je n'ai pas le temps. Je dois travailler au *Quick*.

Alors, tu vas voir tes amis ce soir?

Non, je vais faire mes devoirs. Et puis vendredi, je travaille.

Mais tu n'as pas joué au volley cette semaine. Et tu n'as pas vu tes amis!

Je le sais. J'en ai marre!

1 Lis et écoute la conversation.
Réponds **a)** ou **b)**.

1 Cet après-midi Fatima...   a) va sortir avec ses amis   b) va travailler.
2 Ce soir, elle...   a) va rester à la maison   b) va sortir.
3 Fatima...   a) est contente   b) n'est pas contente.

> **Grammaire** ▶▶ p.136 ▶▶ p.145
>
> **ce** matin   **ce** soir
> **?** après-midi
> **?** semaine

2 a Que fait Fatima?
Recopie et complète la grille: ◆ 1-6 ♣ 1-8.

Fatima...	tous les jours	x fois par semaine (combien?)	rarement/jamais
1 travaille au *Quick*		3	
2 fait ses devoirs			
3			

b A deux, faites vos conclusions:

• Fatima a beaucoup de temps pour se détendre/n'a pas le temps de se détendre?

• La situation est bonne ou mauvaise, à votre avis?

• Fatima va continuer comme ça? Qu'est-ce qu'elle va faire?

3 Imagine: tu as un entretien pour un petit job!
Il y aura probablement des questions sur tes
passe-temps, par exemple:

 1 <u>Quels</u> sont vos passe-temps?
 2 Vous faites ça <u>souvent</u>?
 3 Qu'est-ce que vous <u>avez fait</u> la semaine <u>dernière</u>?
 4 Qu'est-ce que vous <u>allez faire</u> la semaine <u>prochaine</u>?

Préparation: lis les questions attentivement.
Tu les comprends?

 • Les mots-clés sont soulignés.

 • Regarde les pages **Grammaire**.

Grammaire ▶▶ p.149
le passé composé   qu'est-ce que **vous avez fait**?   **j'ai fait** de la natation   **?** **joué** au badminton   **je** **?** **allé(e)** au cinéma

Grammaire ▶▶ p.137 ▶▶ p149
le futur proche   qu'est-ce que **vous allez faire**?   **je vais faire** de la natation   **je** **?** **jouer** au badminton   **je vais** **?** au cinéma

4 Ecoute des extraits d'entretiens (1-10).
 ◆ Note les activités.
   Exemple: **1** natation, ...
 ♣ ◆ + Note les questions (1-4 de l'exercice 3) qui correspondent.
   Exemple: **1** natation (1), ...

5 Prépare tes réponses aux questions 1-4 de l'exercice 3.
Exemples:

Question:	◆	♣
1	Je fais de la danse et je joue au... J'adore ça.	Je joue de la guitare dans un groupe. La musique, c'est ma passion. J'adore ça...
2	Je vais au gymnase une fois par semaine...	Je fais de la natation deux ou trois fois par semaine, ça dépend...
3	J'ai joué sur mon ordinateur et je suis allé(e) au cinéma. C'était bien...	Samedi, j'ai vu un bon film au cinéma avec mes amis. C'était vraiment bien...
4	Je vais faire de l'athlétisme...	Je vais faire du judo au stade. Je suis membre d'un club...

6 *A toi!* **C'est l'entretien!**
 • **A** pose les questions. **B** répond.
 • Ensuite, changez de rôle.

Idée!
Inventez aussi un sketch amusant.
Par exemple, la personne a des
passe-temps bizarres!

F Un coup de téléphone

Vendredi après-midi

Allô.

Est-ce que je peux parler à Fatima?

Samedi matin

Allô.

C'est Fatima?

A

– Allô.
– Est-ce que je peux parler à Fatima?
– Je suis désolée, elle n'est pas là. C'est qui à l'appareil?
– C'est Isabelle. Fatima va rentrer à quelle heure?
– Vers <u>huit heures</u>.
– D'accord, merci. Au revoir.
– Au revoir.

> **à ... heures:** heure précise
> **vers ... heures:** heure approximative

B

– Allô.
– C'est Fatima?
– Oui, c'est moi.
– Salut. C'est Isabelle.
– Salut!
– Tu veux <u>aller au cinéma</u>, ce soir?
– Désolée. Je ne peux pas. Je <u>travaille au Quick</u>.
– Alors, cet après-midi?
– Désolée. <u>Je sors avec des amis du Quick</u>.
– Tu es libre demain après-midi?
– Oui. Je viens chez toi vers <u>deux heures</u>?
– D'accord. Au revoir.
– Au revoir.

1 Lis et écoute les conversations.
Trouve et recopie les équivalents en français.

It's Isabelle.

What time will Fatima be back?

I'm sorry, she's not in.

Is that Fatima?

Hello.

Can I speak to Fatima?

Who's speaking?

2 Ecoute les sept conversations au téléphone.
Pour chaque conversation:

- Est-ce que la personne est là? (✓ ou ✗)

- Si non, il faut rappeler à quelle heure?

> **rappeler – to call back**

- Si oui, qu'est-ce qu'ils décident de faire?

  ◆ Note l'activité.

  ♣ Note l'activité, le jour et l'heure. (Attention! Aujourd'hui, c'est **vendredi**.)

3 a A deux, apprenez les dialogues **A** et **B** (p.132). Lisez-les cinq ou six fois.

b Ensuite, faites les dialogues **sans** regarder le livre.

4 *A toi !*

◆ Changez les dialogues **A** et **B** (p.132).
Changez: • les noms (Fatima et Isabelle)
• les activités et les heures (soulignées dans le texte).

♣ Inventez des conversations similaires, avec des invitations. Ne regardez pas la page 132. Inventez les détails.

Tu veux aller au café cet après-midi?

Imaginez! Vous êtes triste/heureux/malade, etc.!

5 Samedi après-midi, Fatima téléphone à Isabelle. Pourquoi? Ecoute la cassette.

◆ Choisis la description correcte: A, B ou C.

♣ Cache les descriptions A, B et C!

Explique en français pourquoi Fatima téléphone à Isabelle.

◆
A: Fatima invite Isabelle à sortir avec elle et ses nouveaux amis du *Quick*.
B: Fatima préfère sortir avec Isabelle. Elle n'aime pas beaucoup ses nouveaux amis.
C: Fatima ne peut pas sortir avec Isabelle, parce qu'elle sort avec ses nouveaux amis.

6 Lis ces informations. Réponds **en anglais** à Katy, la corres. d'Isabelle.

1 'I want to send my Mum flowers from Rouen. How can I find the phone number of a florist here in Rouen?'

2 'I've got another French penfriend in Paris. How can I look up her phone number?'

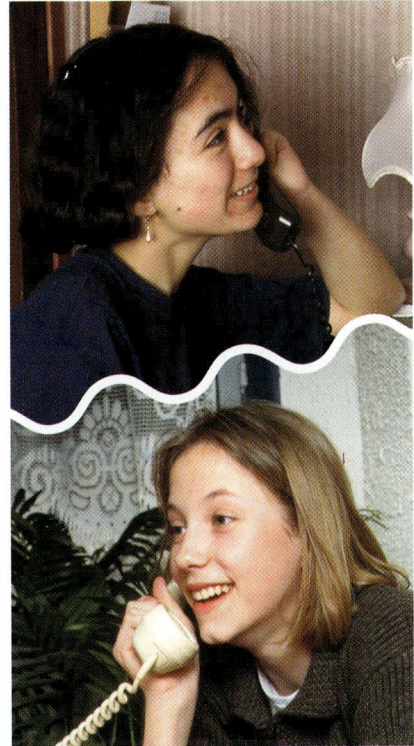

Trouver un numéro de téléphone en France

Vous trouverez la majorité des numéros dans l'annuaire.

Exceptions: Certaines personnes ne sont pas dans l'annuaire. Pour garder leur numéro confidentiel, elles sont sur la 'liste rouge'.

Pour une liste complète des entreprises commerciales et industrielles, cherchez dans les Pages Jaunes.

Il existe aussi un annuaire électronique, sur Minitel, avec tous les numéros d'abonnés au téléphone. Tapez le 3611.

G Es-tu rap ou techno?

FAMILLE DANCE

Grand-père Soul

Musique noire américaine, la soul est dominée par des instruments classiques (cuivres, orgue, guitare). Stevie Wonder a tissé des liens entre la soul et le funk.
A écouter: Marvin Gaye, Aretha Franklin, Stevie Wonder, Otis Redding.

Grand-oncle Funk

To funk, en argot américain, c'est se trémousser, gigoter. Plus musical que le disco, le funk soigne les accords, les rythmes et les arrangements. Les chansons de James Brown ont souvent été reprises et samplés dans la house. *A écouter: James Brown, Earth Wind and Fire, Georges Clinton, Michael Jackson, Prince.*

James Brown

Tatie Disco

Lancée par le film *La fièvre du samedi soir* et la B.O. des Bee Gees, la musique disco est rythmée par un beat métronomique à 2 temps. C'est son grand retour aujourd'hui. *A écouter: Boney M, Village People, Gloria Gaynor, Patrick Hernandez.*

Le fils House

La house a remplacé le disco, à la fin des années 1980. Née à Chicago, elle est construite à partir du remix de plusieurs chansons, mélangé à des batteries électroniques. La danse est très physique... *A écouter: Marrs ('Pump up the volume'), Coldcut.*

FAMILLE RAP

Papa Rap

'To rap' signifie 'frapper'. Le rap est né dans le Bronx et à Harlem au début des années 1980. À l'origine, il mettait en valeur les performances verbales des disc-jockeys dans les boîtes de nuit. Capital, le texte est parlé sur des rythmes samplés, recopiés de morceaux de soul. *A écouter: MC Hammer, Beastie Boys, Ice T, Coolio, Reciprok, NTM, Assassin, Luniz.*

Beastie Boys

Les fils

Raggamuffin: Né en Jamaïque, il est une concentration du rap et du reggae. La mélodie est plus ample, le phrasé plus chaloupé. *A écouter: Tonton David, Raggasonic.*

Trip Hop: Utilisation du sample à partir de morceaux de jazz, de blues ou de funk. L'accent est mis sur l'ambiance. C'est planant! *A écouter: Tricky, Massive Attack, Howie B, Ruby, Björk.*

LES INCLASSABLES

David Bowie, Jimi Hendrix, Pink Floyd, Genesis, Patti Smith, Lou Reed, Velvet Underground, U2, The Cure... et bien d'autres encore!

FAMILLE ROCK

Grand-père Hard Rock

Avec son cuir et ses chaînes, il est apparu en 1968 à Los Angeles. Les riffs de guitare et les paroles sont violentes. En 1970 apparaît le heavy metal: guitares poussées à l'extrême, voix aiguës. Speed metal en 1977, Trash metal en 1980, Death metal en 1985 ... A écouter heavy metal: *Scorpions, Kiss, Van Halen, ACDC.* A écouter trash: *Faith No More, Metallica, Slayer.* A écouter death metal: *Death, Sepultura.*

L'oncle Punk

Né en Angleterre en 1976, le mouvement punk incarne la révolte de la jeunesse face aux institutions et prône le 'no future', Le son est dur et saturé, le rythme infernal et les paroles provocantes. *A écouter: Sex Pistols, The Clash, Stranglers.*

The Clash

Les petits-fils:

Pop: Avec la pop, l'accent est mis sur la mélodie, un son très propre et des chansons structurées. *A écouter: Oasis, Blur, Pulp, Les Innocents, Radiohead, Les Stone Roses.*

Grunge: Le mouvement grunge ('crasse') vient de Seattle, aux Etats-Unis. Le look est négligé. Le grunge a été popularisé par le groupe Nirvana et son chanteur, Kurt Cobain, mort en 1994 à l'âge de 27 ans. *A écouter: Nirvana, Soundgarden, Therapy?, Pearl Jam.*

FAMILLE TECHNO

Papa Techno

Vive les cadences infernales! Priorité au son et au rythme! Synthés obsédants, peu ou pas de paroles. Seuls quelques mots sont parfois déformés et samplés. *A écouter: Laurent Garnier, Carl Cox, Orbital.*

Les fils

Jungle: basé sur des rythmes un peu plus africains, des percussions et des roulements de tam-tams.

Hard core: le rythme est décapant, la musique agressive. Certains morceaux atteignent les 180 battements par minute, soit deux à trois fois le rythme des pulsations cardiaques! *A écouter: The Prophet, Sintec, Lunalotic.*

1 Lis l'article.
Quelle(s) famille(s) préfères-tu?
Quelle(s) famille(s) est-ce que tu n'aimes pas?
Quel(s) membre(s) des familles préfères-tu?
♣ Pourquoi?

2 Explique **en anglais** la description:
◆ de tes deux membres préférés
♣ de ta famille préférée.

3 Ecris un article sur ton groupe (ou artiste) préféré.
• Donne leur nom, âge, et d'autres détails que tu connais.
• Si tu veux, emploie des mots/expressions/phrases de cet article ⇧.
• Si possible, découpe et colle des photos. Affiche ton article au mur!
♣ Tu peux ajouter une critique de leurs albums.

H Grammaire

ce, cette, cet, ces (this, these)

1 Lis cette conversation.
Trouve les expressions françaises:

these reviews   *this afternoon*
this evening   *this brochure*

> – Tu veux aller en ville cet après-midi?
> – D'accord. Et on va au cinéma ce soir? Il y
>   a trois films au cinéma *Gaumont*.
>   Regarde cette brochure.
> – Tu as vu ces critiques? Les films sont nuls!

ce	cette	cet	ces
this (masculin)	*this* (féminin)	*this* (masculin, avant une voyelle)	*these* (pluriel, masculin et féminin)
Tu aimes **ce** pull? Qu'est-ce qu'on fait **ce** week-end?	Tu ne sors pas **cette** semaine, Fatima?	**Cet** anorak est trop petit. On sort **cet** après-midi?	**Ces** biscuits sont délicieux! Tu as vu **ces** photos?

2 Regarde cette photo.
Indique des vêtements du doigt.
Demande à ton/ta partenaire son opinion.

> Tu aimes ce T-shirt?

> ◆ Oui, c'est bien./
>   Non c'est nul.

♣ ◆ + Donne une raison (par exemple,
que penses-tu de la couleur/du style?)

la casquette

le T-shirt

la chemise

le pantalon

les chaussures

l'anorak

la veste

le pull

les baskets

le futur proche (aller + infinitif)

aller	infinitif	
Je **vais**	**jouer** au basket.	*I'm going to play basketball.*
Tu **vas**	**regarder** le film?	*Are you going to watch the film?*
Il **va**	**faire** du vélo.	*He's going to go cycling.*
Elle **va**	**finir** ses devoirs.	*She's going to finish her homework.*
On **va**	**sortir** ce soir.	*We're going to go out this evening.*
Nous **allons**	**inviter** des amis.	*We're going to invite some friends.*
Vous **allez**	**écouter** de la musique?	*Are you going to listen to music?*
Ils **vont**	**apporter** des CD.	*They're going to bring some CDs.*
Elles **vont**	**aller** en ville.	*They're going to go into town.*

3 Imagine: c'est samedi matin.
Qu'est-ce que tu vas faire ce week-end?
Fais une liste.

◆ Regarde ce tableau pour t'aider.

> Ce matin, je vais....
> ___ après-midi, je ...
> ___ soir, je...
> Demain matin,...
> Demain après-midi,...
> Demain soir,...

> jouer au foot/au tennis
> aller au cinéma/au centre
>   commercial
> sortir avec des amis
> faire de la natation/du skate-
>   board/mes devoirs/de la
>   musique
> écouter des CD
> regarder un film à la télé

♣ **Invente** des activités.

Prononciation: -ation, -ition, -assion

A La prononciation **anglaise** est 'sh' ('a competition').
Ecoute et répète la prononciation **française**:

la compét**iti**on, une amb**iti**on, la nat**ati**on, une convers**ati**on, c'est ma p**assi**on

B Ecoute la cassette. C'est anglais ou français?

1 competition   **2** passion   **3** collection
4 addition   **5** nation   **6** action

C • Ecoute ce rap.
• Ecoute une deuxième fois, et dis les
  mots souligné<u>s</u>.
   Exemple: La cassette: «Je fais de la...»
         Toi: «...natation.»
• Dis le rap **avec** la cassette.
• Dis le rap **sans** la cassette.

> Je fais de la natation.
> J'ai des ambitions.
> Je fais de la préparation
> Pour des compétitions.
> J'adore les arts martiaux:
> Et je fais du judo.
> Mais ma vraie passion,
> C'est l'équitation.

I Les grandes vacances

1 Qu'est-ce que tu vas faire pendant les grandes vacances, Fatima?

6 Non, moi, je vais rester à la maison. Je vais sortir avec des copines, et avec ma famille. On va faire des randonnées, on va aller à la plage... Et toi, Marc?

2 Eh bien, je vais travailler au *Quick*, seulement le samedi. Je vais aussi voir Isabelle et Delphine. On va sortir ensemble. Et toi, Olivier?

7 Moi aussi, je vais voir des copains. On va aller à la pêche. Et puis ma mère et moi, nous allons louer une caravane au bord de la mer. Ecoutez, vous voulez faire un grand pique-nique ensemble?...

5 Moi, je vais passer une semaine chez ma cousine, à la campagne. Ça va être génial! Tu vas partir, Delphine?

3 Moi, je vais aller en colonie de vacances pendant trois semaines. On peut y faire beaucoup d'activités. Moi, je vais faire un stage de voile. Tu vas partir en vacances, Isabelle?

4 Oui, je vais faire du camping avec ma famille. Qu'est-ce que tu vas faire, Alexandre?

Une colonie de vacances est un camp de vacances pour enfants et jeunes. En général, les 'colos' sont à la campagne. Des étudiants y travaillent en été, et aident à organiser les activités. Ils s'appellent 'moniteurs' et 'monitrices'.

1 a Lis et écoute la conversation. Ecris les noms.

1 Qui va partir en vacances?
2 Qui va rester à la maison?
3 Qui va faire des activités avec sa famille?
4 Qui va faire des activités avec ses amis?

b Réécoute la fin de la conversation. Les autres veulent faire un pique-nique?

2 Ecoute la cassette: ◆ 1-6; ♣ 1-8. Note les projets de chaque personne.

	travail	vacances	activités sportives	activités non-sportives
1	–	en colonie		

3 Isabelle écrit à Katy, après sa visite.

> Rouen, le 14 juin
>
> Chère Katy,
>
> Je t'envoie des photos de ta visite à Rouen. On s'est bien amusé, non ?
> En ce moment, je fais des projets pour les grandes vacances. D'abord je vais partir pour trois semaines avec mes parents. On va faire du camping dans le sud de la France, près de Nice, ce qui va être super. Heureusement mes frères ne viennent pas avec nous, parce qu'ils vont en colo à la campagne. Bon débarras !
> L'année dernière, on a loué une caravane près de Bordeaux. C'était vraiment nul, parce qu'il a fait très mauvais. En plus, il n'y avait absolument rien à faire, donc c'était vachement ennuyeux. J'espère qu'il fera beau cette année!
>
> Après mes vacances en famille, je vais rester à Rouen. Je vais voir mes copains, s'ils ne sont pas partis. On va probablement sortir ensemble, mais on n'a pas décidé où. Ça dépendra du temps.
> Et toi, qu'est-ce que tu vas faire pendant les grandes vacances ?
> Ecris-moi bientôt.
> Amitiés,
> Isabelle

La mère de Katy ne parle pas français. Réponds **en anglais**.
Si nécessaire, emploie un dictionnaire.

1 What is Isabelle going to do during the summer holidays? Who with?
2 What are her brothers going to do?
♣ What does Isabelle think about this?
3 What did Isabelle do last year? What was it like?
♣ Why?

4 Ecris à ton/ta correspondant(e) français(e).
- Parle de tes **projets** pour les grandes vacances.
- Parle aussi de ce que tu as fait **l'année dernière**.

5 *A toi!* **Jeu de mémoire**

a Interviewe ton/ta partenaire sur les vacances de l'année dernière, et sur ses projets pour cette année.
b Ensuite, répète les détails à ton/ta partenaire – **de mémoire!** Chaque détail correct = un point!

Stratégie

Attention aux verbes:

cette année (*futur*)
je vais faire du camping
je vais aller en colo

l'année dernière (*passé*)
j'ai fait du camping
je suis allé(e) en colo

quoi? quand? où?
avec qui? pourquoi?

L'année dernière, tu as fait...

J Atelier

Imagine: tu es en vacances. Tu veux te faire des amis!

Les vacances, les amitiés, l'amour...

Tu es en vacances.
Il y a beaucoup de jeunes. Comment te faire des amis?
Il y a un garçon/une fille qui te plaît beaucoup.
Comment arriver à faire sa connaissance?

Commence par la conversation! Voici des stratégies:

a   Parle du temps.
b   Pose des questions sur sa famille.
c   Pose des questions sur son temps libre (passe-temps/
    préférences/petit job, etc.).
d   Propose des activités.
e   Raconte des blagues!

Préparation

1   Lis l'article et écoute les six conversations. On emploie quelles stratégies (**a-e**)?
    Exemple: **1 a**, ...

2   Travaillez en groupe.
    Faites une liste de questions/commentaires utiles pour faire la conversation avec
    un(e) nouvel(le) ami(e).

    Exemples:

    Il fait chaud, n'est-ce pas?

    Tu viens souvent ici?

    Tu aimes le sport?

    Qu'est-ce que tu aimes comme musique?

3 Voici des réponses. Imagine et écris les questions.

A Oui, j'ai un frère de huit ans qui s'appelle Franck, et une sœur de neuf mois qui s'appelle Flora.

B Oui, je veux bien. J'adore la natation!

C Oui, il fait très froid. J'espère qu'il fera plus chaud demain.

D Je suis un grand fana de sport! Je vais à tous les matchs de St Etienne, et je regarde l'athlétisme à la télé.

E Non, je n'aime pas ça. Les randonnées, je peux m'en passer.

F Désolée, mais je ne peux pas, parce que j'ai très mal au genou.

♣ **G** Elle s'appelle Agnès.

♣ **H** C'est Madonna.

♣ **I** Ça dépend du temps.

♣ **J** Je ne sais pas. Ça dépendra du temps.

4 Travaillez en groupe.
- Echangez vos questions de l'exercice 2 avec un autre groupe.
- Ecrivez des réponses à leurs questions.
- Ils doivent relier vos réponses aux questions.

L'activité: à toi!

Invente d'autres détails, par exemple **pourquoi** il/elle aime ces choses.

5 a Travaillez à deux. Choisissez chacun(e) une identité. Vous vous rencontrez en vacances. Inventez un sketch!

Identité A: Kévin Leclerc
âge: 15 ans
famille: 1 frère, 2 sœurs
aime: le sport, les films comiques, collectionner les autocollants
déteste: le hard-rock

Identité B: Marianne de Caunes
âge: 16 ans
famille: enfant unique
aime: l'équitation, le ski alpin, la danse, la peinture, le bricolage
déteste: le rap, le tennis de table

Identité C: Marie-Claire Mairot
âge: 16 ans
famille: 3 sœurs
aime: la peinture, la voile, les sports d'hiver, le tennis de table
déteste: la natation, la musique classique

Identité D: André Turek
âge: 15 ans
famille: 2 frères, 2 sœurs
aime: la natation, le cinéma, la photographie, la musique
déteste: les sports nautiques

b Maintenant, tu es **toi-même**! Invente un autre sketch avec ton/ta partenaire.

K Révision

Faites ce jeu de société à deux ou en groupe!

Stratégies

Pour comprendre les instructions:

- pense aux instructions typiques des jeux que tu connais, par exemple «Move forward 3 squares».
- regarde les illustrations et les exemples.

Equipement:

un dé   des cartes
'nourriture', 'sport' et 'santé'

des pions

Instructions:

☞ Chaque joueur jette le dé, à tour de rôle.

☞ Il avance son pion.

Exemple: ➡ avance de 4 cases

☞ Si nécessaire, il suit l'instruction/répond à la question.

Exemple:

12
Prends une carte 'santé'
et dis une phrase.

J'ai mal au bras.

7
Parle de tes passe-temps
pendant 30 secondes
(sans hésiter!).

La musique, c'est ma passion. Je
joue du violon tous les jours...

Si le joueur répond bien*, il rejoue.
(* Les autres joueurs sont les juges!)

C'est mon tour. Passe-moi le dé.

C'est encore moi!

C'est ton tour!

50

49

48
Tu aimes le coca? Recule de six cases.

47

46

45

44

39
Prends une carte 'sport' et dis une phrase.

40

41

42

43
Parle du week-end prochain pendant 30 secondes (sans hésiter!).

38

37

36

35

34

33
Parle de la nourriture et des boissons pendant 30 secondes (sans hésiter!).

29
Tu aimes le chou? Avance de deux cases.

26

27

28

30

31

32

25
Prends une carte 'nourriture' et dis une phrase.

24

23

22

21
Parle du week-end dernier pendant 30 secondes (sans hésiter!).

18
Tu aimes les frites? Recule de quatre cases.

15

16

17

19

20

14

12
Prends une carte 'santé' et dis une phrase.

13

11

10

9

8

7
Parle de tes passe-temps pendant 30 secondes (sans hésiter!).

3
Tu fais du sport? Avance de cinq cases.

1

2

4

5

6

Grammaire

Using *a* and *de*

à: au, à la, à l', aux

à means 'to' or 'at'. It is also used in phrases, e.g. s'intéresser **à** (to be interested **in**). Used with le and les, it changes:

masculine singular **à + le → au**	feminine singular **à + la → à la**	before a vowel or h **à + l' → à l'**	plural **à + les → aux**
je vais **au** collège	j'ai mal **à la** main	il s'intéresse **à l'**écologie	réponds **aux** questions

de: du, de la, de l', des

de means 'of' or 'from'. It is also used in set phrases, e.g. près **de** (near), avoir besoin **de** (to need):

nous **avons besoin d'**argent	we **need** (some) money
j'**ai besoin d'**un vélo	I **need** a bike
tu **as besoin de** quoi?	what do you **need**?

Used with le and les, it changes. **Du**, **de la**, **de l'** and **des** also mean 'some'.

masculine singular **de + le → du**	feminine singular **de + la → de la**	before a vowel or h **de + l' → de l'**	plural **de + les → des**
tu veux **du** coca?	j'habite près **de la** gare	je viens **de l'**Angleterre	je voudrais **des** crayons

jouer à/jouer de

jouer **à** + game/sport	je joue **au** football
jouer **de** + musical instrument	je joue **du** piano

Using *en*

You can use **en** to avoid repeating a whole phrase consisting of **de** + **a noun**.

Tu manges **des frites**?	Oui, je mange souvent **des frites**. Yes, I eat **chips** a lot.	Oui, j'**en** mange souvent. Yes, I eat **them** a lot.
Tu bois **du** coca?	Non, je ne bois jamais **de coca**. No, I never drink **cola**.	Non, je n'**en** bois jamais. No, I never drink **it/any**.
Tu prends **de** **la viande**?	Oui, je prends **de la viande**. Yes, I'll have **some meat**.	Oui, j'**en** prends. Yes, I'll have **some**.
Anne fait **du** **sport**?	Oui, elle fait souvent **du sport**. Yes, she often plays **sport**.	Oui, elle **en** fait souvent. Yes, she often plays **(it)**.

Adjectives

Adjective endings

Adjectives are listed in the dictionary in the masculine singular form.

Feminine: add **e**.   Plural: add **s**.

masculine singular	feminine singular	masculine plural	feminine plural
un pull noir	une chemise noir**e**	des pulls noir**s**	des chemises noir**es**

Exceptions:

- Don't add an e in the feminine if the masculine form already has one, e.g.
  un pull roug**e**   une chemise roug**e**   des pulls roug**es**   des chemises roug**es**

- Some adjectives follow a slightly different pattern, e.g.

	masc. singular	fem. singular	masc. plural	fem. plural
boring	ennuyeux	ennuyeuse	ennuyeux	ennuyeuses
also: paresseux(euse) (lazy); travailleur(euse) (hard-working); mystérieux(euse) (mysterious)				
kind, nice	gentil	gentille	gentils	gentilles
also: industriel(le) (industrial); cadet(te) (younger)				
normal	normal	normale	normaux	normales
old	vieux *	vieille	vieux	vieilles
beautiful, handsome	beau *	belle	beaux	belles
new	nouveau *	nouvelle	nouveaux	nouvelles
* Before masculine words which start with a vowel or h, these become: un **vieil** homme un **bel** homme un **nouvel** hôtel				

The position of adjectives

Most adjectives come **after** the noun. e.g. une ville **industrielle**, un ami **sympa**.

Some very common adjectives usually come **before** the noun, e.g. une **grande** ville, un **petit** village (etc.).

grand (big, tall)	petit (small)	gros (big, fat)	nouveau (new)
vieux (old)	long (long)	court (short)	joli (pretty)
beau (beautiful, handsome)		mauvais (bad, wrong)	bon (good, right)

Demonstrative adjectives: ce, cette, cet, ces (this, these)

masculine	feminine	masc. before a vowel or h	plural
ce – this	**cette** – this	**cet** – this	**ces** – these
tu sors **ce** soir?	j'aime **cette** robe	tu vas partir **cet** été?	**ces** questions sont difficiles

Possessives: *mon, ma, mes,* etc.

The French word for 'my', 'your', etc. depends on the word which follows.

	masculine singular	feminine singular	plural
my	**mon** frère	**ma** sœur	**mes** cousins
your	**ton** grand-père	**ta** grand-mère	**tes** grands-parents
his/her/its	**son** père	**sa** mère	**ses** parents
our	**notre** père	**notre** mère	**nos** parents
your	**votre** jardin	**votre** maison	**vos** animaux
their	**leur** salon	**leur** cuisine	**leurs** chambres

- son (etc.) can mean 'his', 'her' or even 'its':

  e.g. **son** jouet = **his** toy, **her** toy or **its** toy
  sa tête = **his** head, **her** head or **its** head

- Before a feminine noun beginning with a vowel or h, you use **mon/ton/son**:

  e.g. '**ma** copine' but '**mon** amie'

- In English, we use **'s** to show possession. In French, we use **de**.

  La chambre **de** mon frère.   My brother's room. ('the room of my brother')

Adverbs

Adverbs <u>add</u> information! They describe **how** an action is done, or add meaning to an adjective (e.g. **really** good; **extremely** difficult). Many adverbs end in **-ment** in French / **-ly** in English.

Exceptions: bien (well), mal (badly), vite (fast)

vrai**ment**	real**ly**
extrême**ment**	extreme**ly**
énormé**ment**	enormous**ly**
poli**ment**	polite**ly**
lente**ment**	slow**ly**
triste**ment**	sad**ly**

Question words

Some question words can come at the beginning or the end of a sentence.

qui?	who?	**Qui** est là? Tu travailles avec **qui**?
quand?	when?	**Quand** est-ce que tu finis? Tu finis **quand**?
où?	where?	**Où** est mon stylo? Tu travailles **où**?
combien?	how much?	**Combien** gagnes-tu? Tu gagnes **combien**?
	how many?	**Combien** d'heures fais-tu? Tu fais **combien** d'heures?
comment?	how?	**Comment** vas-tu au travail? Tu y vas **comment**?
	what?	**Comment** t'appelles-tu? Tu t'appelles **comment**?
	what like?	**Comment** sont les gens? Les gens sont **comment**?
pourquoi?	why?	**Pourquoi** aimes-tu ton travail?
qu'est-ce que?	what?	**Qu'est-ce que** tu fais, exactement?

Questions often begin with est-ce que, e.g. **Est-ce que** je peux aller aux toilettes?

quel? **(which?; what?)**

masculine singular	feminine singular	masculine plural	feminine plural
Quel est ton fruit préféré?	Le concert finit à **quelle** heure?	**Quels** sont tes passe-temps?	**Quelles** chansons françaises connais-tu?

Negatives

ne ... pas

- To make make a sentence negative, put **ne (n')** and **pas**:

  (present tense)   round the verb
                        e.g. Je **ne** joue **pas** au tennis.

  (perfect tense)   round the part of avoir or être
                        e.g. Je **n'ai pas** regardé la télé./Je **ne** suis **pas** allé en ville.

  (reflexive verbs,   round me (etc.) and the verb
  present tense)   e.g. Je **ne** m'entends **pas** bien avec ma sœur.

- **pas** is followed by **de** (or **d'**) in phrases such as il n'y a pas and je n'ai pas. The le/la/les part is missed out.

  il n'y a pas **de** piscine dans notre ville   je n'ai pas **d'**animaux à la maison

ne ... rien/personne/jamais/plus

These go round the verb, like **ne** and **pas**.

ne ... rien (nothing)	je **ne** fais **rien**	I do nothing/ I don't do anything
ne ... personne (no-one)	je **ne** connais **personne**	I know no-one/ I don't know anyone
ne ... jamais (never)	je **ne** joue **jamais** au foot	I never play football/ I don't ever play football
ne ... plus (not any more)	je **ne** serai **plus** absente	I won't be absent any more

VERBS

The infinitive

- The form of the verb you normally find in the dictionary is the **infinitive**, e.g. jou**er** (**to** play). The French verb ending (e.g. -er, -ir, -re) is like our 'to'.

- When two verbs are used together, the second is in the infinitive, e.g.
  j'aime **regarder** la télé   tu veux **jouer** au basket?   on peut **faire** du sport

The present tense

- You can use the present tense to talk about:

what you **do**	**Je travaille** le samedi. I work on Saturdays.
what you **are doing**	Chut! **Je travaille**! Sshh! I'm working!
what you **plan to do soon**	**Je travaille** demain. I'm working tomorrow.

- There are three main patterns:

infinitive ends in **-er** e.g. jouer: to play	infinitive ends in **-ir** e.g. finir: to finish	infinitive ends in **-re** e.g. répondre: to answer, reply
je jou**e** nous jou**ons**	je fin**is** nous fin**issons**	je répond**s** nous répond**ons**
tu jou**es** vous jou**ez**	tu fin**is** vous fin**issez**	tu répond**s** vous répond**ez**
il jou**e** ils jou**ent**	il fin**it** ils fin**issent**	il répond ils répond**ent**
elle jou**e** elles jou**ent**	elle fin**it** elles fin**issent**	elle répond elles répond**ent**
on jou**e**	on fin**it**	on répond

on joue = we play/they play/one plays
mon père, Marc, etc. take the same verb ending as il
mes parents, Marc et Paul, etc. take the same verb ending as ils

Reflexive verbs

Reflexive verbs often refer to actions you do to yourself. The endings follow the normal patterns.

se laver: to wash oneself, to get washed		s'amuser: to enjoy oneself	
je **me** lave	nous **nous** lavons	je **m'**amuse	nous **nous** amusons
tu **te** laves	vous **vous** lavez	tu **t'**amuses	vous **vous** amusez
il **se** lave	ils **se** lavent	il **s'**amuse	ils **s'**amusent

Exception: se lever: je me l**è**ve, tu te l**è**ves, il se l**è**ve, nous nous l**e**vons,
vous vous l**e**vez, ils se l**è**vent

The perfect tense (*le passé composé*)

- You can use the perfect tense to talk about:

  what you **did**   **J'ai fait** les magasins hier. I did some shopping yesterday.
  what you **have done**   **J'ai fait** mes devoirs. I've done my homework.

- The perfect tense has **two** parts.

  For most verbs, these are: part of avoir + the past participle (avoir: p.150)
  For some verbs, these are: part of être + the past participle (être: p.150)

- To form the past participle, start from the infinitive:

-er: remove the **-er**, add **-é**	**-ir:** remove the **-r**	**-re:** remove the **-re**, add **-u**
jouer → j'ai jou**é**	finir → j'ai fin**i**	répondre → j'ai répond**u**
j'ai joué tu as joué (etc.)	j'ai fini tu as fini (etc.)	j'ai répondu tu as répondu (etc.)

Exceptions: see p.150 for irregular past participles.

- Here are some verbs which take être:

  aller – to go   rester – to stay   arriver – to arrive
  partir – to leave   entrer – to go in   venir – to come (je suis venu)
  sortir – to go out   rentrer – to go home

- Remember:

  feminine singular add **-e**
  masculine or mixed plural add **-s**
  feminine plural add **-es**

je suis allé(e)	nous sommes allé(e)s
tu es allé(e)	vous êtes allé(e)(s)
il est allé	ils sont allés
elle est allée	elles sont allées
on est allé	

The near future (*aller* + infinitive)

Use this to say what you are going to do:

Je **vais regarder** la télé.   I'm going to watch TV.
Il **va aller** au cinéma.   He's going to go to the cinema.

The future tense

Use this to talk about your intentions, promises and resolutions. Add the endings:

-er, e.g. jouer	**-ir**, e.g. finir	**-re**: remove the **-e**, e.g. répondre
je jouer**ai**	je finir**ai**	je répondr**ai**
tu jouer**as**	tu finir**as**	tu répondr**as**
il/elle/on jouer**a**	il/elle/on finir**a**	il/elle/on répondr**a**
nous jouer**ons**	nous finir**ons**	nous répondr**ons**
vous jouer**ez**	vous finir**ez**	vous répondr**ez**
ils/elles jouer**ont**	ils/elles finir**ont**	ils/elles répondr**ont**

Exceptions: see p.150 for verbs with irregular stems (main parts) on which to add the above endings.

En ... *ant* (while/through ...ing)

- Take the 'nous' form, remove the ending -ons, then add **-ant**.

  (nous) fais~~ons~~ → **en** fais**ant**   (nous) jou~~ons~~ → **en** jou**ant**

  J'ai mal au dos. J'ai fait ça **en faisant** de la gymnastique.
  I've got a bad back. I did it **[while] doing** gymnastics.

  Il a perdu son argent **en jouant** aux cartes.
  He lost his money **[through] playing** cards.

  En sortant de l'école, j'ai rencontré Pierre.
  Coming out of school, I met Pierre.

The four most common irregular verbs

	avoir to have	**être** to be	**faire** to do	**aller** to go
Present	j'ai tu as il/elle/on a nous avons vous avez ils/elles ont	je suis tu es il/elle/on est nous sommes vous êtes ils/elles sont	je fais tu fais il/elle/on fait nous faisons vous faites ils/elles font	je vais tu vas il/elle/on va nous allons vous allez ils/elles vont
Perfect	j'ai eu, etc.	j'ai été, etc.	j'ai fait, etc.	je suis allé(e), etc.
Future	j'aurai, etc.	je serai, etc.	je ferai, etc.	j'irai, etc.

Twelve common irregular verbs

	acheter to buy	boire to drink	devoir to have to	écrire to write	lire to read	mettre to put (on)
Present	j'achète tu achètes il achète nous achetons vous achetez ils achètent	je bois tu bois il boit nous buvons vous buvez ils boivent	je dois tu dois il doit nous devons vous devez ils doivent	j'écris tu écris il écrit nous écrivons vous écrivez ils écrivent	je lis tu lis il lit nous lisons vous lisez ils lisent	je mets tu mets il met nous mettons vous mettez ils mettent
Perfect	j'ai acheté	j'ai bu	j'ai dû	j'ai écrit	j'ai lu	j'ai mis
Future	j'achèterai	je boirai	je devrai	j'écrirai	le lirai	je mettrai

	partir to leave	pouvoir to be able to	prendre to take	sortir to leave	voir to see	vouloir to want to
Present	je pars tu pars il part nous partons vous partez ils partent	je peux tu peux il peut nous pouvons vous pouvez ils peuvent	je prends tu prends il prend nous prenons vous prenez ils prennent	je sors tu sors il sort nous sortons vous sortez ils sortent	je vois tu vois il voit nous voyons vous voyez ils voient	je veux tu veux il veut nous voulons vous voulez ils veulent
Perfect	je suis parti(e)	j'ai pu	j'ai pris	je suis sorti(e)	j'ai vu	j'ai voulu
Future	je partirai	je pourrai	je prendrai	je sortirai	je verrai	je voudrai

Vocabulaire

nm	masculine noun	
nf	feminine noun	
pl	plural	

adj	adjective
adv	adverb
v	verb

prep	preposition
pron	pronoun

français-anglais

A

abonné(e) *nm/f* subscriber

abord: (tout) d'~ first (of all)

accès *nm* access

accord *nm* chord; d'~ OK; être d'~ to agree

accueil *nm* welcome; reception

achats *nmpl* shopping

acoucher *v* to give birth

adolescent(e) *nm/f* teenager

adroit(e) *adj* skilled

affiche *nf* notice; poster

afficher *v* to put up; to pin up

agréable *adj* pleasant

aider *v* to help

aigu(ë) *adj* high-pitched; high; shrill

ajouter *v* to add

aliment *nm* food

alors well, well then

ambiance *nf* atmosphere

aménagé(e) *adj* specially equipped

amener *v* to bring

an *nm* year; le Nouvel An New Year

ange *nm/f* angel

animé(e) *adj* lively; animated

anneau *nm* ring

annonce *nf* announcement

annuaire *nm* telephone book

Antilles *nfpl* West Indies

apparaître *v* to appear; il est apparu it/he appeared

appareil-photo *nm* camera

appeler *v* to call; s'~ to be called

appliquer *v* to apply

apporter *v* bring

apprécier *v* to appreciate

apprendre à *v* to learn to

après *adv* after

araignée *nf* spider

arrêter *v* to stop

arrivée *nf* arrival

ascenseur *nm* lift

assez *adv* quite; enough

assister à *v* to go to; to be present at

assouvir *v* to satisfy, quench (thirst)

assuré(e) *adj* ensured, guaranteed

atteindre *v* to reach

attendre *v* to wait

attraper *v* to catch

auberge de jeunesse *nf* youth hostel

aussi also, as well

autorisation *nf* permission

autre *adj* other; different

avantage *nm* advantage

avis *nm* opinion; à mon ~ in my opinion

B

baignoire *nf* bath(tub)

bal *nm* dance

baleine *nf* whale

banlieue *nf* suburbs

basé(e) sur *adj* based on

bateau *nm* boat

batterie *nf* drums

se battre *v* to fight

beignet *nm* fritter

belle-mère *nf* stepmother; mother-in-law

bénir *v* to bless

besoin: avoir ~ de to need

bibliothèque *nf* library

bien *adv* well; eh ~ well; tu as ~ fait you did well, you did the right thing; ~ d'autres many others

billet *nm* ticket

blague *nf* joke

boisson *nf* drink

boîte de nuit *nf* nightclub

bon(ne) *adj* good; correct; ~ débarras good riddance

boules *nfpl* French bowling

boursoufler *v* to puff up

brouillon *nm* draft, rough copy

bruit *nm* noise

brûler *v* to burn

brûlure *nf* burn

bureau *nm* office

C

c'était it was

cacher *v* to hide

cadence *nf* (*music*) cadence; rhythm

camarade *nm/f* friend, pal

campagne *nf* country; countryside; campaign

car *nm* coach; en ~ by coach

case *nf* box

casser *v* to break

ceinture *nf* belt

célèbre *adj* famous

chaloupé(e) *adj* swaying

chanson *nf* song

chaque each

chauffer *v* to heat

cheville *nf* ankle

chinois(e) *adj* Chinese

choisir *v* to choose

chose *nf* thing

chrétien(ne) *adj* Christian

cidre *nm* cider

cire *nf* wax

cirque *nm* circus

classement *nm* placings, list

clou *nm* nail

cœur *nm* heart; par ~ by heart

coin *nm* corner

combien how much; how many

commander *v* to order

comme like; such as; as; ~ d'habitude as usual

commission *nf* errand

concours *nm* competition

conduire *v* to drive

connaissance *nf* acquaintance; faire la ~ de to get to know

connaître *v* to know a person, place

conseils *nmpl* advice

construire *v* to construct, build

contenir *v* to contain

contre *prep* against

corbeille *nf* basket

corps *nm* body

Corse *nf* Corsica

côte *nf* coast

coupure *nf* cut

courrier *nm* mail; ~ électronique e-mail

cours *nm* lesson; class; au ~ de in the course of; during

courses *nfpl* shopping

court(e) *adj* short

coûter *v* to cost

couvert(e) de covered in

créer *v* to create

crêpe *nf* large pancake

crier *v* to shout

croquis *nm* sketch

cuillère *nf* spoon; ~ à soupe tablespoon; ~ à café teaspoon

cuir *nm* leather

cuisinier(ère) *nm/f* cook

cuivres *nmpl* (*music*) brass

D

dé *nm* dice

débat *nm* debate

début *nm* beginning

décapant(e) *adj* abrasive

décorer *v* to decorate

découvrir *v* to discover

décrire *v* to describe

défiler *v* to march; to parade

dégueulasse *adj* (*slang*) disgusting

dehors *adv* outside

demi(e)- half-

dépêche-toi hurry up

se dépêcher *v* to hurry

dépenser *v* to spend

déposer *v* to put; to lay; to deposit

dernier(ère) *adj* last; latest

désastreux(euse) *adj* disastrous

descendre *v* to come down; to go down

déshydratation *nf* dehydration

dessin *nm* drawing

dessinateur(trice) *nm/f* draughtsman(woman); designer

dessiner *v* to draw; to design

dessus *prep* above; upstairs

détourner *v* to divert; ~ un avion to hijack a plane

devenir *v* to become

disque *nm* record

dormir *v* to sleep

douche *nf* shower

doué(e) gifted; talented

drapeau *nm* flag

droit *nm* right

drôle *adj* funny

durer *v* to last

E

eau *nf* water

éblouir *v* to dazzle

école *nf* school; ~ maternelle nursery school

égayer *v* to brighten up, liven up; to cheer up

embellir *v* to become lovelier, more attractive

émerveiller *v* to fill with wonder

employer *v* to use

emporter *v* to bring

empoubellir *v* to put in the rubbish bin (*invented word, from poubelle: rubbish bin*)

encore *adv* still; again; ~ une fois (once) again

énergique *adj* energetic

enfin *adv* at last

enregistrer *v* to record

ensuite *adv* next, then

entre *prep* between

entrée *nf* entrance; admission

environ *adv* around

envoyer *v* to send

épaule *nf* shoulder

équilibré(e) *adj* balanced

Espagnol(e) *nm/f* Spaniard

Etats-Unis *nmpl* the United States

étendre *v* to spread out; to lay out

étranger(ère) *adj* foreign

étudiant(e) *nm/f* student

eux them

événement *nm* event

évident(e) *adj* evident; obvious

excessif(ve) *adj* excessive, over the top

exposé *nm* talk

exposition *nf* exhibition; exposure

F

facile *adj* easy

facsmilé *nm* facsmile, copy

fait: en fait in fact

farine *nf* flour

faut: il faut it is necessary; one must; il faut des écoles schools are needed

faute *nf* fault; c'est de ma ~ it's my fault

fauteuil *nm* armchair; ~ roulant wheelchair

femme *nf* woman

fête *nf* festival; holiday; celebration; name-day

fêter *v* to celebrate; se ~ to be celebrated

feuille *nf* sheet; leaf

fiche *nf* form

fille *nf* daughter; girl

fils *nm* son

fin *nf* end

fleur *nf* flower

fluvial(e) *adj* river

foulure *nf* sprain

fut was

G

gagner *v* to win; to earn

garder *v* to keep; ~ la forme to keep fit

gauche left

gens *nmpl* people

goût *nm* taste

gras(se) *adj* fatty; fat; Mardi ~ Shrove Tuesday, Pancake Tuesday

gratuit(e) *adj* free

grave *adj* serious

guerre *nf* war

H

s'habiller *v* to get dressed; to wear

hébergement *nm* accommodation

heure *nf* hour; time; à deux ~s at 2 o'clock

heureusement *adv* fortunately

hier *adv* yesterday

hippocampe *nm* seahorse

homme *nm* man

huile *nm* oil

I

idiot(e) *adj* stupid

important(e) *adj* important; large

impressionnant(e) *adj* impressive

incarner *v* to embody

inconvénient *nm* disadvantage

indiquer *v* to indicate; ~ du doigt to point to

informatique *nm* computing, IT

s'inquiéter *v* to worry

s'inscrire *v* to join; to sign up

insolation *nf* sunstroke

interdit(e) *adj* forbidden

s'intéresser à *v* to be interested in

inutile *adj* useless

invité(e) *nm/f* guest

J

japonais(e) *adj* Japanese

jeter *v* to throw

jeu *nm* game; jeu de société *nm* board game

jeune *adj* young; *nm/f* young person

jeunesse *nf* youth

journal *nm* diary
journée *nf* day
juge *nm* judge
juif(ve) *adj* Jewish
jusqu'à *prep* until

L

laisser *v* to leave; to let
lait *nm* milk
lancer *v* to launch
lecture *nf* reading
légèrement *adv* slightly
légume *nm* vegetable
leur(s) their
lien *nm* link
lieu *nm* place; avoir ~ to take place
lit *nm* bed
livraison *nf* delivery
livrer *v* to deliver
loisirs *nmpl* leisure activities
lui him; to him; ~-même himself
lustre *nm* (ceiling) light
lycée *nm* school (15-18 years)

M

maillot *nm* jersey; ~ de bain *nm* swimming costume
maintenant *adv* now
malade *adj* ill; *nm/f* sick person
maladie *nf* illness
manière *nf* way; manner
maquette *nf* model
marcher *v* to walk; to work
marre: en avoir marre to be sick of/fed up with
marron *adj* brown
mauvais(e) *adj* bad; wrong
médecin *nm/f* doctor
mélange *nm* mixture
mélanger *v* to mix
même *adj* same; *adv* even
mémoire *nf* memory; de ~ from memory
menacer *v* to threaten
ménage *nm* housework
menteur(euse) *adj* a liar; deceitful
messe *nf* mass
métier *nm* job; profession; trade
métronomique *adj* regular (like a metronome)
mettre *v* to put; to put on; ~ en valeur to show off, highlight
mieux better; le mieux the best
millier *nm* thousand
misère *nf* misery
mobylette *nf* moped
moins less, fewer; le ~ the least; au ~ at least

moitié *nf* half
monde *nm* world; people
moniteur(trice) *nm/f* instructor; supervisor
montre *nf* clock, watch
montrer *v* to show
se moquer de *v* to make fun of
morceau *nm* piece
mort(e) *adj* dead; *past participle of* mourir
mosquée *nf* mosque
moto *nf* motorbike
mouillé(e) *adj* wet
mourir *v* to die
moyen *nm* way, means
mur *nm* wall
musculation *nf* weight training
musulman(e) *nm/f* Moslem, Muslim

N

naissance *nf* birth
nautique *adj* water; nautical
né(e) *adj* born
négligé(e) *adj* slovenly; sloppy
nettoyer *v* to clean
niveau *nm* level
nom *nm* name
nommer *v* to name
normand(e) *adj* Norman; of Normandy
nourrir *v* to feed; to nourish
nourriture *nf* food

O

obséder *v* to obsess, haunt
œuf *nm* egg
offenser *v* to offend
offrir *v* to offer; to give (a present)
ombre *nf* shade
ordinateur *nm* computer
orgue *nm* organ
ou or
où where
oublier *v* to forget

P

paix *nf* peace
Pâques *nm/fpl* Easter
par by
parapluie *nm* umbrella
parc d'attraction *nm* theme park
paresseux(euse) *adj* lazy
parfois *adv* sometimes
parking *nm* car park
parole *nf* word
partir *v* to leave; to go away; to go on holiday; à ~ de (starting) from
partout *adv* everywhere

pas not
passé *nm* past
passer *v* to spend (*time*); to move on to
se passionner pour *v* to be mad about
pâte *nf* pastry; dough; mixture
payant(e) *adj* paying (not free of charge)
payer *v* to pay (for)
pays *nm* country
peindre *v* to paint
peintre *nm/f* painter; artist
peinture *nf* painting
pendant *prep* during; for
penser *v* to think
Pessah *nf* Passover
petit *adj* little, small; petit à petit little by little, gradually
peu few; un ~ a few, a little
physique *adj* physical; *nf* physics
piège *nm* trap
pierre *nf* stone
pile à l'heure on time
piquer *v* (*slang*) to pinch
pire *adv* worse; le/la ~ the worst
piste de danse *nf* dance floor
plage *nf* beach
plaire *v* to please; il me plaît I like him
planant(e) *adj* soaring, gliding; makes you high
pluie *nf* rain
plus more; le ~ the most; de ~ en ~ more and more; en ~ what is more; ne ~ no more
plusieurs several
plutôt *adv* rather
poche *nf* pocket
pollué(e) *adj* polluted
pomme *nf* apple: ~ de pin pine cone
pont *nm* bridge
popularisé(e) *adj* made popular
porte *nf* door; ~ d'entrée front door
porter *v* to wear
poser *v* to put; ~ une question to ask a question
posséder *v* to possess; to have
poubelle *nf* rubbish bin
poudrerie *nf* (*Canada*) blizzard; drifting snow
pour for; in order to
pousser *v* to push
pratique *adj* practical; handy
pratiqué(e) *adj* practised

prendre *v* to take
préparer *v* to prepare; to make
presque *adv* almost
prêt(e) *adj* ready
prêter *v* to lend
prix *nm* price; prize
produit *nm* product; produits laitiers dairy products
profond(e) *adj* deep
projet *nm* plan
promenade *nf* walk; ~ en vélo bike ride; ~ en bateau boat trip
promener *v* to walk (a dog)
prôner *v* to advocate, put forward
se prononcer *v* to be pronounced
proposer *v* to suggest
propre *adj* clean
protéger *v* to protect
prouver *v* to prove
provisions *nfpl* provisions; food; groceries
provocant(e) *adj* provocative
publicité *nf* advert

Q

qu'est-ce qu'il y a? what's wrong?
quant à as for
que that
quel(le) which; what
quitter *v* to leave

R

ranger *v* to tidy
rapport *nm* report
recette *nf* recipe
recherches *nfpl* research
reculer *v* to move back; reverse
refermé(e) *adj* closed up
régime *nm* diet
réjouir *v* to delight
religieuse *nf* nun; cream bun
remplacer *v* to replace
remplir *v* to fill in
rencontrer *v* to meet
rendez-vous *nm* meeting; appointment; meeting place
renseignements *nmpl* information
rentrer *v* to go home
replier *v* to fold
reposer *v* to rest; se reposer to rest; to have a rest
reprendre *v* to take up (again)
réseau *nm* network
résolu(e) *adj* resolute; determined
ressembler à *v* to resemble

retard *nm* lateness; être en retard to be late
retenir *v* to keep; to detain; to hold in place
retourner *v* to turn: to return
revenir *v* to come back
ridicule *adj* ridiculous
rien nothing
rigolo *adj* fun; funny
rimer *v* to rhyme
roman-photo *nm* photo-story
roue *nf* wheel
rougir *v* to blush; to turn red
roulement *nm* roll
roulette *nf* small wheel
roux(sse) *adj* ginger
rue *nf* street
rythmé(e) par given rhythm by

S

saison *nf* season
salé(e) *adj* salty; salted
salle à manger *nf* dining room
salle de bains *nf* bathroom
sampler *v* (*music*) to sample
sans *prep* without
santé *nf* health; cheers!
savoir *v* to know (*a fact, etc.*)
sec (sèche) *adj* dry
sel *nm* salt
selon *prep* according to
sens *nm* sense; meaning
serait would be
si if
siècle *nm* century
siffler *v* to whistle
soin *nm* care
son *nm* sound
sonorisation *nf* soundtrack
sorcière *nf* witch
souligné(e) *adj* underlined
souple *adj* supple
souvenir *nm* souvenir; memory
souvent *adv* often
spectacle *nm* show; sight
spéléologie *nf* potholing
stage *nm* course
sucre *nm* sugar
sucré(e) *adj* sweet
suivre *v* to follow
sujet: au sujet de about
surveiller *v* to watch over, keep an eye on
synthé *nm* synthesizer

T

tableau *nm* picture
tante *nf* aunt
taper *v* to type (in)
télématique *adj* telematic; online

temps *nm* weather; time; à plein ~ full-time; de ~ en ~ from time to time
terrain *nm* ground; area
timide *adj* shy
tisser *v* to weave
tomber *v* to fall
totaliser *v* to add up
toujours *adv* always; still
tour *nf* tower
tourner *v* to stir
tournoi *nm* tournament
tout de suite *adv* immediately
tout(e) all; every; everything; ~ le monde everyone; pas du ~ not at all
tranquille *adj* calm; quiet
travail *nm* work
travailleur(euse) *adj* hard-working
travers: à ~ through
tribu *nf* tribe
trimestre *nm* term
triste *adj* sad
trouver *v* to find; se ~ to be; to be situated
Turquie *nf* Turkey

U

utile *adj* useful
utiliser *v* to use

V

vacances *nfpl* holidays; les grandes ~ the summer holidays
varappeur(euse) *nm/f* rock climber
varié(e) *adj* varied
vedette *nf* star; tour boat
vendre *v* to sell
venir *v* to come
ventre *nm* stomach
vers about; around
verser *v* to pour
vêtements *nmpl* clothes
veuve *nf* widow
vie *nf* life
viens, vient *see* venir
vif(ve) *adj* lively; brilliant
vivre *v* to live; vive(nt) long live...
voisin(e) *nm/f* neighbour
voiture *nf* car
voix *nf* voice; vote
vol *nm* theft; flight
voyager *v* to travel
vraiment *adv* really
vu considering

anglais-français

A

afternoon *n* après-midi *m*; in the ~ l'après-midi
also *adv* aussi
and et
aunt *n* tante *f*

B

because parce que
big *adj* grand(e)
book *n* livre *m*
boring *adj* ennuyeux(euse)
but mais
bye salut

C

can I...? je peux...?
cassette *n* cassette *f*
chair *n* chaise *f*
clothes *npl* vêtements *mpl*
computer *n* ordinateur *m*
cupboard *n* placard *m*

D

day *n* jour *m* all ~ toute la journée
dear *adj* cher (chère)
desk *n* pupitre *m*
difficult *adj* difficile
do *v* faire
door *n* porte *f*

E

easy *adj* facile
evening *n* soir *m*; in the ~ le soir
every *adj* chaque; ~ day chaque jour, tous les jours
excuse me pardon
expensive *adj* cher (chère)

F

for pour

G

Great Britain *n* Grande-Bretagne *f*

H

half-brother *n* demi-frère *m*
half-sister *n* demi-sœur *f*
hard *adj* dur(e)
headphones *n* casque *m*
hi salut
hobby *n* passe-temps *m*
homework *n* devoirs *mpl*; to do one's ~ faire ses devoirs
how comment

I

if si

L

light *n* lumière *f*

M

man *n* homme *m*
morning *n* matin *m*; in the ~ le matin

N

neighbour *n* voisin(e) *m/f*
normally *adv* normalement
now maintenant

O

often *adv* souvent
or ou

Q

quite *adv* assez

R

really *adv* vraiment

S

step-father *n* beau-père *m*
step-mother *n* belle-mère *f*

T

table *n* table *f*
teacher *n* professeur *m/f*
today aujourd'hui
tomorrow demain
too trop; ~ big trop grand; (*as well*) aussi

U

uncle *n* oncle *m*

V

very *adv* très

W

week *n* semaine *f*
what qu'est-ce que; what do you do at the weekend? qu'est-ce que tu fais, le week-end?
when quand
where où
why pourquoi
with avec
woman *n* femme *f*

Y

yesterday hier

Questions, réponses et i...

Dans ce livre

Ecoute la cassette (réécoute...)	Listen to the cassette (listen again)
Regarde les images	Look at the pictures
Vérifie tes réponses	Check your answers
C'est vrai ou faux?	Is it true or false?
Corrige les phrases fausses	Correct the sentences that are false
Lis le roman-photo	Read the photo story
Ecris les lettres dans le bon ordre	Write the letters in the right order
Relie les phrases et les symboles	Match up the sentences and the symbols
Pour t'aider...	To help you...
Emploie un dictionnaire	Use a dictionary
Recopie les mots dans deux listes	Copy down the words in two lists
Pour chaque image...	For each picture...
Ecris une phrase/une expression	Write a sentence/a phrase
Ecris à ton/ta correspondant(e)	Write to your penfriend
Réponds à ses questions	Answer his/her questions
Parle de...	Talk about...
Décris...	Describe...
Pose des questions à ton/ta partenaire	Ask your partner questions
Demande-lui...	Ask him/her...
Travaillez à deux	Work in twos
A dit une lettre...	**A** says a letter...
B essaie de deviner...	**B** tries to guess...
Ensuite, changez de rôle	Next, swap parts
Changez les mots soulignés	Change the underlined words

Avec ton/ta professeur

Pardon, Madame/Monsieur	Excuse me, Miss/Sir
Comment dit-on 'book' en français?	What is 'book' in French?
Je ne comprends pas	I don't understand
Pouvez-vous répéter, s'il vous plaît?	Could you repeat that, please?
J'ai oublié mon cahier	I've forgotten my exercise book
J'ai fini	I've finished
Excusez-moi, Madame/Monsieur	I'm sorry, Miss/Sir
Est-ce que je peux aller aux toilettes?	Can I go to the toilet?

Avec ton/ta partenaire

Tu es **A**, moi, je suis **B**	You're **A**, I'm **B**
Qui commence?	Who's starting?
Moi, je commence	I'll start
Toi, tu commences	You start
C'est à moi/c'est à toi	It's my turn/it's your turn
Tu as une gomme, s'il te plaît?	Have you got a rubber, please?

£8.75   D|6|2000.